guide pratique

CROWDFUNDING : MODE D'EMPLOI

Comment trouver de 300 € à 1 million grâce au financement participatif ?

Marianne HENDRICKX

Préface de Michel BARNIER,
Vice-président de la Commission européenne en charge du marché intérieur, des services

edipro
L'édition professionnelle

Éditeur responsable
Luca Venanzi

Edi.pro ©
Esplanade de l'Europe, 2 Bte 5 à 4020 Liège
Belgique
(http://www.edipro.info)
Tél. : 00.32.(0)4.344.50.88
Fax : 00.32.(0)4.343.05.53

Imprimé en Belgique

ISBN : 978-2-87496-289-9
D/2014/8406/26

Remerciements

Tout d'abord, un immense remerciement à Monsieur Michel Barnier, Vice Président de la Commission européenne, qui nous a fait l'honneur de préfacer cet ouvrage.

Merci au Pilen (Partenariat Interprofessionnel du Livre et de l'Edition numérique) ainsi qu'à Cécile Palusinski, consultante (Numered Conseil) et membre du *think tank* Altaïr*.

Un immense remerciement aussi au cabinet d'avocats Afschrift et plus particulièrement à Me Cappuyns qui s'est penchée sur la fiscalité du crowdfunding en Belgique, ce qui semblait au-dessus des compétences de… l'administration fiscale.

Encore merci, également, à tous les fondateurs et responsables de plateformes de crowdfunding qui ont décrit leur fonctionnement, apporté leur analyse du phénomène ainsi que leur vision de l'avenir.

Et, bien sûr, aux fidèles parmi les fidèles : Pierre, recherchiste et relecteur minutieux, Christine pour les longues conversations personnelles et professionnelles et Laure, pour les pauses à parler de tout sauf du financement participatif.

Quant à mon cher Hercule, parfois trop enclin à se coucher sur mes notes ou à se promener sur le clavier, m'ouvrant ainsi des perspectives informatiques insoupçonnées, il mérite lui aussi un immense miaou.

* Groupe de réflexion français, indépendant, dédié à la culture et aux médias.

Table des matières

Préface

par Michel BARNIER

Vice-président de la Commission européenne en charge du marché intérieur, des services

Face à la crise financière, économique, sociale et politique qui continue à toucher l'Europe, il est clair que nous ne pouvons pas nous contenter de poser des rustines, en traitant les problèmes au cas par cas.

Si nous voulons faire redémarrer l'activité, et rendre sa vigueur à notre économie sociale de marché compétitive, nous devons inventer ensemble un nouveau modèle de croissance, plus innovant, plus social et plus durable.

Ce nouveau modèle, nous avons déjà commencé à en esquisser les contours.

Depuis trois ans, nous avons proposé 28 lois pour remettre la finance au service de l'économie réelle : nouvelles règles prudentielles, encadrement des dérives spéculatives de techniques comme les ventes à découvert, limitation des bonus excessifs : tout cela, ajouté à l'union bancaire en cours de création, doit contribuer à stabiliser le secteur financier et à mettre les ménages et les entreprises à l'abri d'une nouvelle crise financière.

A côté de cette régulation « réparatrice », il est désormais temps de mettre l'accent sur une régulation « proactive », pour assurer la reprise du financement de l'économie.

Nous avons commencé à le faire, par exemple avec l'accord sur un « passeport européen » pour permettre aux fonds qui investissent dans le capital-risque ou dans les entreprises sociales de lever du capital auprès d'investisseurs situés dans toute l'Europe, sur la base d'un enregistrement unique.

Si nous voulons confirmer la reprise qui se dessine en Europe avec des prévisions de croissance de 1,2% cette année et de 1,7% en 2015 et faire reculer le chômage, nous devons donner à nos entreprises les moyens de lancer des projets de long terme.

Plus largement, retrouver des perspectives de long terme est aussi une condition pour doter l'Europe d'infrastructures modernes et respectueuses de l'environnement, pour mettre l'accent sur l'éducation et la recherche et pour financer les nouveaux services publics dont nous aurons besoin pour relever le défi du changement démographique.

Face à cela, nous avons en Europe de nombreux atouts, parmi lesquels un niveau élevé d'épargne et de nombreux investissements étrangers.

Et pourtant, à l'heure actuelle, plusieurs facteurs freinent chez nous ces investissements, comme la nécessité de réduire les déficits publics, mais aussi les mutations du secteur bancaire et le « culte de la liquidité » entretenu par certains gestionnaires d'actifs.

Pour lever ces difficultés, nous devons mobiliser tous les leviers de l'action publique, aux niveaux national et européen.

D'abord, nous voulons mobiliser les sources privées de financement : les banques, qui financent toujours 75% de l'économie européenne, mais aussi les autres investisseurs institutionnels, comme les assurances et les fonds de pension.

Ensuite, nous voulons faire la meilleure utilisation possible des dépenses publiques.

L'activité de prêt de la Banque européenne d'Investissements devrait augmenter de 40% entre 2013 et 2015. Les autres banques publiques d'investissement ont un rôle important à jouer, par exemple en assurant une meilleure coordination des mécanismes nationaux de soutien des Entreprises de Taille Intermédiaire à l'exportation.

Troisièmement, nous voulons améliorer l'accès des PME et des ETI aux marchés de capitaux, à travers des instruments comme les marchés de PME, les *project bonds*, les partenariats public-privé et la titrisation, qui doit être plus simple et plus transparente.

C'est pour répondre à ces immenses besoins que nous avons souhaité réfléchir à un cadre ouvert pour le financement participatif (crowdfunding) en Europe.

C'est une nécessité à la fois pour préparer l'avenir et pour créer aujourd'hui les entreprises et les emplois dont nous avons besoin pour accélérer la reprise économique.

En Europe, les 23 millions de PME, dont 90% ont moins de 10 salariés comptent pour 67% de l'emploi total et 80% des nouveaux emplois créés.

Cependant, seules 30% d'entre elles peuvent faire appel aux financements bancaires, selon la BEI. Dans le même temps, le *venture capital* et les *business angels* investissent dans respectivement 5 000 et 1 000 entreprises à très gros potentiel en Europe.

C'est donc plus des deux-tiers des PME qui ne peuvent compter que sur leur propre capacité d'autofinancement, leur apport personnel ou celui de leurs amis, famille, etc., pour se développer.

C'est notamment ce problème d'accès au financement qui explique la popularité du crowdfunding à l'heure actuelle.

Le financement participatif est également particulièrement efficace pour de nombreux projets qui ne pourraient pas obtenir les financements par les circuits « classiques ». Il peut compléter d'autres sources de financement; en particulier dans les phases d'amorçage et de démarrage ou être relayés par les *business angels* ou le *venture capital* dans les phases de développement.

En Europe, ce sont plus de 700 millions d'euros qui ont été récoltés sur les plateformes de crowdfunding pour financer environ un demi-million de projets.

Les bénéficiaires sont très nombreux et très divers; on pense naturellement aux projets artistiques, comme les albums musicaux ou les films, qui sont souvent mis en avant pour illustrer les success stories du crowdfunding. Mais on pourrait tout aussi bien citer le financement des petites entreprises ou des entreprises sociales, celui des très petites entreprises constituées par des chômeurs désirant se créer eux-mêmes un emploi qu'ils ne trouvent pas ailleurs, et même les particuliers à la recherche de financements pour leurs projets privés.

Certaines autorités publiques ont également lancé leurs réflexions à ce sujet, soit pour cofinancer des projets, soit pour utiliser le financement participatif comme l'un des critères de sélection pour l'octroi de fonds publics.

Mais au-delà de l'aspect purement financier, le crowdfunding permet aux porteurs de projet de tester leur idée auprès d'une communauté d'investisseurs potentiels, qui pourront par la suite constituer une base de clientèle et des relais de communication *a priori* fidèles.

Dans certains cas, cette phase de test donne lieu à une véritable démarche interactive, qui permet de renforcer l'idée originale et d'en améliorer la valeur ajoutée culturelle, économique ou sociale.

En incitant les gens à investir, même des sommes très modestes, dans des projets auxquels ils croient, qu'ils soient de nature caritative ou mercantile, le crowdfunding peut contribuer à renforcer l'esprit d'engagement et d'entreprise en Europe.

Phénomène encore récent et marginal comparé aux autres circuits de financements de l'économie, le crowdfunding voit cependant déjà apparaître des cas de fraudes, mais aussi des décisions abusives liées à des interprétations divergentes ou trop strictes du cadre existant en matière d'appel public à l'épargne.

Avec le développement du secteur, de nombreuses questions vont se poser en en matière de prévention des risques de publicité mensongère, de piratage et de copie, de blanchiment d'argent, etc.

À la Commission européenne, nous avons voulu veiller à ce que le marché intérieur du financement participatif se développe dans un cadre sain, en tenant compte de la diversité des modèles, de la nature des contributions et des retours attendus.

Comment faire en sorte que l'investisseur « non professionnel » puisse participer au crowdfunding avec un maximum d'information et un minimum de risque ? Telle a été notre questionnement tout au long de la consultation des parties prenantes et de la construction de notre plan d'action. Nombreuses sont les plateformes qui nous ont demandé de mettre en place un cadre véritablement européen pour pouvoir se développer avec davantage de visibilité.

Tout en préservant le principe de subsidiarité, nous devons travailler ensemble, entre les Institutions européennes et les États membres pour une meilleure mise en cohérence des cadres réglementaires nationaux, en particulier dans le cas de plateformes ou porteurs de projets actifs dans plusieurs pays européens.

En effet, les différents pays de l'UE ont bâti des approches très différentes, en particulier en ce qui concerne la législation en matière d'insolvabilité, la fiscalité, le traitement juridique de contributions et le statut juridique des plateformes.

L'Italie, par exemple, a mis en place un cadre juridique pour les investissements en capital pour les entreprises innovantes en phase de démarrage. Le Royaume-Uni, à la suite du succès manifeste du *peer-to-peer lending*, la *Financial Conduct Authority* (FCA) a proposé d'encadrer ce régime pour favoriser son développement dans un environnement sûr.

Nous devons aussi encourager une approche cohérente du phénomène avec nos partenaires internationaux, notamment les États-Unis, où nous suivons de près la mise en œuvre par la *Securities & Exchange Commission* (SEC) du *Jobs Act*.

Le groupe d'experts que nous avons monté devra fournir aux différents acteurs des analyses et recommandations sur l'adaptation des législations nécessaires à l'encadrement comme au soutien de cette nouvelle forme de financement. Le crowdfunding est un phénomène particulièrement intéressant qui doit pouvoir bénéficier des meilleures conditions pour se développer au-delà des frontières nationales, attirer investisseurs et projets à travers toute l'Europe et répondre aux attentes des PME innovantes, des projets culturels, sociaux ou environnementaux qui créeront la croissance de demain.

Cette croissance passe très souvent par la recherche de nouveaux marchés, dont l'exportation, et exige du financement. Il est tout aussi logique que des investisseurs souhaitent soutenir des entreprises au-delà des frontières de leur pays.

Dans un autre domaine, les artistes et les institutions culturelles, petites ou grandes, cherchent également à présenter leurs productions dans d'autres pays européens.

Quant aux organisations humanitaires, elles ont dans la plupart des cas une action internationale.

Une mise en perspective du crowdfunding transfrontières aura pour effet de stimuler le grand marché européen et la libre circulation des capitaux, des pratiques culturelles et sociales.

Le grand public - porteurs de projets, jeunes entreprises, investisseurs potentiels – manque encore souvent d'information claire et pratique sur le crowdfunding et ses potentialités. A ce titre, cet ouvrage apporte des réponses concrètes, en abordant en pratique le phénomène en France et en Belgique tout en resituant le phénomène dans le contexte européen.

PARTIE 1

Comprendre le financement participatif

Chapitre 1

Qu'est-ce que le crowdfunding ?

En juillet 2014, Zack Brown, simple citoyen américain, a récolté en quelques jours plus de 40.000 dollars sur la plateforme de crowdfunding la plus connue au monde, Kickstarter. Comme de plus en plus d'entrepreneurs, il a lancé sa campagne pour trouver des fonds. Tout cela dans l'objectif de se confectionner une... salade de pommes de terre. Zack n'avait pourtant pour ambition que de récolter 10 dollars. Son initiative ne devait être qu'une parodie. Les nombreux contributeurs ont joué le jeu et posé des questions sur le projet : quelle sorte de pommes de terre, quel accompagnement – vinaigrette ou mayonnaise,... en pot ou faite maison ? Et Zack a apporté les précisions demandées et annoncé des contreparties en fonction du montant de chaque contribution.

Sa communication était remarquablement bien orchestrée et le gag, qui a fait le tour du web, a suscité un véritable engouement. A coup de quelques dollars par personne, des milliers de donateurs y sont allés de leur obole. A tel point que le très sérieux magazine économique américain *Forbes* s'est fendu d'un article pour expliquer les recettes de ce succès. Zack a lancé sa campagne au bon moment, au début juillet, saison des pique-niques et barbecue, moment des vacances aussi, où l'on surfe davantage pour le plaisir. Ce faisant, le plaisantin a embarqué ses fans dans un projet humoristique, a posté des messages brefs et simples et une photo alléchante d'une salade de patates.

L'histoire définit bien le crowdfunding, ce système de financement participatif (littéralement « financement par la foule ») qui compte déjà à son actif des histoires qui font rêver... A l'heure où les banques prêtent difficilement aux entreprises, où les subsides à la culture et au social se font plus rares, le financement participatif apparaît comme une opportunité ou, puisque le rêve est gratuit, une solution miracle.

Le terme recouvre néanmoins des démarches très différentes : on ne récolte pas de la même façon 300 euros pour un projet personnel, 3.000 afin de boucler le budget d'un événement artistique ou 300.000 pour financer une start-up.

Quelques chiffres

En 2013, on comptait près de 600 plateformes de financement participatif, essentiellement aux États-Unis et en Europe. Les fonds levés dépassaient 5 milliards de dollars, les États-Unis étant toujours leaders dans le domaine.

L'explosion du nombre de plateformes et le développement de ce phénomène rendent difficile une perception précise du marché. En effet le nombre de plateformes double actuellement tous les ans. Quant aux montants récoltés, toujours dans le monde, ils affichent une croissance d'environ 80% chaque année (100 % aux USA, autour de 60% sur le Vieux Continent).

Est-il possible de classer les plateformes en fonction de leur importance ? Autant comparer des pommes, des poires, des cerises et des bananes. L'une vous avancera le pourcentage de projets financés, l'autre, le total des fonds réunis, une troisième le nombre de « membres » de sa communauté... Ou encore le montant moyen du don. Etc.

La mise au point d'un cadre légal pour encourager le phénomène du crowdfunding tout en protégeant le consommateur, en France comme en Belgique, va participer à l'accroissement du marché. Et ce, même si la France a pris une sérieuse longueur d'avance en créant les statuts d'intermédiaire en financement participatif et de conseiller en financement participatif.

A titre d'indication, on estime à plus de 30 millions d'euros les contributions apportées en France par 500.000 contributeurs depuis le démarrage du mouvement en Europe, à la fin des années 2.000. Nous n'avons pas trouvé de données globales sur la Belgique où il serait temps de mesurer l'ampleur de cette activité.

Le principe commun du financement participatif est simple. Un porteur de projet (qu'il soit culturel, créatif, social, humanitaire, entrepreneurial,...) présente celui-ci, après sélection, celui-ci sur une plateforme web spécialisée dans ce genre d'opérations par exemple Kickstarter et Indiegogo (Etats-Unis) ou KissKissBankBank et Ulule (toutes deux France-Europe) ou encore Sponsume (Royaume Uni-Europe). Le porteur de projet annonce son objectif financier et la manière dont les sommes récoltées seront utilisées. Il peut s'agir de dons, avec ou sans contrepartie, de prêt, avec ou sans intérêt, et de prise de participation dans le capital (*equity*).

Se sont aussi développées des plateformes spécialisées, soit dans certains domaines créatifs (MyMajorCompany pour la musique, par exemple) et rassemblant des communautés de passionnés (Sandawe en BD) ou le développement des entreprises (Babeldoor, Anaxago, MyMicroInvest, LookAndFin, WiSeed,...), de prêts entre particuliers (Babyloan, Hello Merci,...). On trouve aussi d'autres plateformes de niche dans le cinéma, la mode, la musique, et les projets humanitaires, pour ne citer que quelques segments.

L'effet boule de neige

Grâce à une forte communication et par l'effet du partage par courriel et sur les réseaux sociaux, le projet présenté sur le web atteint la famille et les amis, puis les amis des amis et, en cas de réel succès, le grand public – chacun y allant de son porte-monnaie, de 1 euro à plusieurs milliers.

En l'espace de deux ou trois mois tout au plus, le porteur de projet peut récolter la somme souhaitée (hélas, ce n'est pas automatique !) et démarrer la réalisation de son projet. Les fonds récoltés sur les plateformes généralistes ou spécialisées dans les activités créatives et sociales sont souvent modestes : entre 3.000 et 10.000 euros.

La plateforme se rémunère en prélevant un pourcentage du montant récolté (environ 5%), auquel il faut ajouter les frais bancaires (3%) et de change, si la devise du donateur diffère de celle du bénéficiaire. La plupart des plateformes adoptent le système du « tout ou rien » : le porteur de projet ne touche les fonds que si l'objectif est atteint, sinon les contributeurs sont remboursés. Plus rares sont les plateformes qui proposent le financement flexible ou *keep it all* (on touche les sommes récoltées, même en-dessous du montant visé). Plus rarement encore, la plateforme peut imposer un forfait, même en cas d'échec, et prélever un pourcentage sur le montant récolté.

Dans le domaine de l'entreprise, par des mécanismes adaptés, les jeunes entreprises peuvent lever jusqu'à 300.000 euros de fonds en Belgique et 1 million en France. Ce qui apporte souvent une part importante du capital de départ (dit « d'amorçage »). Les entreprises plus mûres peuvent espérer un prêt qui financera le développement.

Que gagnent les donateurs ou les investisseurs au change ? Quelle que soit l'ampleur du projet, la fierté d'avoir fait aboutir une aventure à laquelle ils croient et celle d'avoir découvert en premier un créateur ou un entrepreneur. Et le sentiment ludique de faire un pari sur l'avenir. En fait, les *bankers* (financeurs) se sentent partie prenante et constituent une communauté investie dans le projet.

Pour l'anecdote, chaque plateforme baptise les membres de sa communauté et les contributeurs par une appellation propre. Les internautes peuvent aussi se faire « édinautes » (contraction des mots « éditeur » et « internaute »). Ils financent alors en tout ou partie la réalisation d'un CD musical, l'édition d'un livre ou d'un album de bande dessinée. Ils sont généralement intéressés aux bénéfices de la commercialisation de l'œuvre (ventes et exploitation des droits) comme de véritables producteurs ou éditeurs.

L'aventure de Zack dans l'univers des patates (et le pactole récolté) fera rêver plus d'un artiste ou entrepreneur. Les plateformes, qui doivent faire du volume pour s'assurer leurs propres rentrées, ne se privent pas de rappeler les records obtenus par des projets qu'elles ont sélectionnés. Zack et son gag illustrent bien la force du crowdfunding : pour peu que le projet séduise et que la mécanique fonctionne, il permet de lever des sommes importantes en un temps record.

La salade de pommes de terre souligne aussi, implicitement, les faiblesses et dérives possibles. Cet Américain lambda a certes imaginé de multiples manifestations autour de la salade de pommes de terre en fonction du succès de sa récolte (comme s'engager à prononcer à haute voix le nom des donateurs pendant la confection du plat), mais il sera quand même difficile de vérifier la réalisation des récompenses, comme la location d'un immense hall pour faire déguster la « super salade » aux amateurs !

C'est un inconvénient important au crowdfunding : donateurs, contributeurs, investisseurs n'ont aucune garantie de recevoir les contreparties promises ou de récupérer un jour leur mise, ni des intérêts ou plus-values. Le risque est inhérent à la démarche. Avec un bémol : pour assurer leur réputation, les plateformes qui se consacrent aux entreprises ont tout intérêt à sélectionner des projets viables. Et elles multiplient les mises en garde : il s'agit bien de capital à risque.

Les montants rassemblés sont évidemment sans commune mesure avec ce qui est nécessaire à la location d'une salle pour une exposition. Ordre de grandeur : entre 50.000 et quelques millions d'euros selon la nature du projet, le mécanisme utilisé et la législation du pays. La mise de l'investisseur démarre le plus souvent à 100 euros, mais le « ticket » est parfois de dix à vingt fois plus élevé. Dans le souci de préserver l'épargne des particuliers, le législateur, tant en Belgique qu'en France, a limité le montant par personne à 1.000 euros.

Contrairement à la *potato salad*, les projets de crowdfunding ne relèvent donc pas de la plaisanterie. Il s'agit par exemple d'enregistrer un album, monter un spectacle, soutenir la réalisation d'un film, publier un bel ouvrage, installer des panneaux solaires pour une collectivité, restaurer un bâtiment historique, créer une entreprise, compléter le stock avant le lancement, financer le développement de la société ou mettre au point un nouveau produit. Tout, tout, peut (essayer de) se financer grâce à la foule. Certains essaient même de financer leur lune de miel ou... leur divorce.

Rappelons-le aux rêveurs. Le crowdfunding n'est et ne doit être qu'un élément du financement d'un projet. Il ne se suffit pas à lui-même : il complète, mais ne remplace ni la mise des porteurs de projets eux-mêmes ou de leur entourage, ni un financement bancaire, ni un subside, ni du mécénat d'entreprise, ni la participation d'investisseurs professionnels.

Brève histoire du crowdfunding

Le crowdfunding est officiellement né aux États-Unis dans les années 2000, dans le domaine de la musique. Il est en effet aisé, pour un groupe musical, de présenter quelques chansons sur YouTube et, ensuite, de faire appel aux fans sur Indiegogo pour financer un album. En France, c'est le chanteur Grégoire qui a percé en premier grâce à ce tremplin populaire sur la plateforme consacrée à la musique MyMajorCompany. Avec un titre adapté : « Toi + Moi ».

Le web a modifié les relations entre le public et la culture. Les biens culturels sont plus accessibles, parfois gratuits. Quant aux artistes, ils peuvent se présenter sans intermédiaire. Si la chance leur sourit, ils feront le buzz et passeront en quelques jours de l'anonymat à la célébrité planétaire. Les entrepreneurs débutants se trouvent dans une situation comparable : l'internet leur donne la possibilité de tester l'intérêt du public et de faire connaître leurs produits ou services par-delà les frontières avec des coûts de marketing et publicité réduits. Cette communication directe, renforcée par le web 2.0, a transformé l'internaute en acteur de la vie culturelle, sociale et économique.

Mais, à y réfléchir, le crowdfunding a-t-il vraiment démarré dans le domaine créatif ? Eh bien, non. Il n'est qu'un des aspects de l'économie collaborative (*crowdsourcing*), soit la recherche d'idées et de solutions via la foule des internautes. Cela prend de multiples formes : réflexions entre clients et fournisseurs, appel à idées sur le web par un entrepreneur en mal de solutions, plateformes permettant à des créatifs comme les graphistes de trouver des contrats aux quatre coins du monde (au risque de pousser les tarifs à la baisse), réseaux sociaux internes aux entreprises encourageant les échanges professionnels entre collègues, etc.

C'est le principe du *peer to peer* : l'échange, le partage, la solidarité, voire le prêt entre deux individus. Les applications sont infinies et, grâce aux réseaux sociaux, tout un chacun participe à l'économie collaborative sans le savoir. C'est la crise du disque et l'essor du téléchargement qui ont stimulé le crowdfunding dans le domaine musical. Quant à la crise financière de 2008, elle a développé les appels à capitaux ou prêts hors du système bancaire.

Certains font remonter l'origine du crowdfunding à... 1875, lors de la souscription mondiale pour ériger la statue de la Liberté. Ou à la création des œuvres de charité au XVIIIème siècle. Moins loin, le mécanisme même du crowdfunding remonterait à la conception de logiciels informatiques. Un développeur met à la disposition de tout un chacun sur le web le programme qu'il a réalisé et demande aux personnes intéressées de petites sommes pour le perfectionner.

La nouvelle version est partagée entre les donateurs qui en ont parfois l'exclusivité (*shareware*) ou simplement accessible à tous sur le web. La logique étant alors : « Certes, même ceux qui n'ont rien donné en profitent, mais sans mon don personnel, ce logiciel n'aurait tout simplement jamais existé et je n'en bénéficierais pas ».

Tous les acteurs du crowdfunding rencontrés dans la préparation de cet ouvrage le soulignent : le premier ressort du donateur ou de l'investisseur est émotionnel. Qu'il s'agisse d'obtenir 300 ou 300.000 euros. Qu'ils donnent 5 euros ou 1000, les *funders* éprouvent d'abord un coup de cœur pour un artiste, un projet créatif, une entreprise en démarrage. Ce qui les motive avant tout, c'est de participer à une aventure. C'est une façon de jouer l'artiste ou l'entrepreneur par personne interposée. Et de mener une action dont l'impact sur la société et le monde sera directement mesurable, contrairement à l'argent placé sur un carnet d'épargne. La réflexion, surtout pour les mises importantes, arrive dans un deuxième temps.

Les principales plateformes américaines

Kickstarter

Plateforme généraliste consacrée aux projets créatifs, dont la technologie. Pas de contreparties financières. Depuis sa création, elle a levé un milliard de dollars. Exclus (entre autres) les projets qui touchent à la santé (y compris les suppléments alimentaires et les boissons énergisantes) ainsi que les campagnes de bienfaisance (*charity*) ou encore les levées de fonds en faveur d'un parti politique et les projets d'armements. Idem pour les services financiers, le tabac, l'alcool, la pornographie, etc. Du côté des contreparties pour les donateurs, on sera ravi d'apprendre que les OGM sont interdits. Fonctionnement au « tout ou rien » : si l'objectif financier n'est pas atteint, le porteur de projet ne reçoit rien. Kickstarter dispose d'une antenne européenne à Londres.

Indiegogo

Plateforme généraliste américaine, avec une partie du site traduite en français (fonctionnement, catégories acceptées, conseils). Un peu court par rapport au contenu en anglais. Principe général similaire à Kickstarter, si ce n'est qu'Indiegogo est aussi ouvert aux PME, à la santé, etc. Excellent mode d'emploi et conseils pratiques (en anglais). Accord avec YouTube pour présenter des campagnes de crowdfunding des créateurs de vidéos.

Crowdfunder

Plateforme strictement réservée aux entreprises qui souhaitent lever des fonds et aux candidats investisseurs. Investissement en capital (*equity*) uniquement.

RocketHub

Se présente comme une plateforme efficace partout dans le monde, accueillant des projets artistiques, scientifiques, entrepreneuriaux et à but social. En pratique, très peu d'explications sur le fonctionnement au niveau international, notamment les aspects légaux, les moyens de paiement et les devises acceptées. Fonctionnement *keep it all* : le porteur de projet reçoit les sommes récoltées, même si l'objectif n'a pas été atteint. Par contre, la plateforme se rémunère même en cas d'échec.

Crowdrise

Formule typiquement américaine destinée aux *fundraisers* en tout genre. Vous organisez un événement sportif pour soutenir une bonne cause ? Lancez un projet sur la plateforme pour récolter les sommes nécessaires à la réalisation. Votre anniversaire approche et vous préféreriez que vos amis fassent un don à une association plutôt que de vous offrir un cadeau ? Crowdrise médiatise votre demande. Mais vous pouvez aussi simplement chercher des fonds pour votre propre projet innovant. Pas besoin d'habiter aux États-Unis pour être présent sur Crowdrise. Seul hic : peu ou pas d'informations sur les aspects juridiques, légaux, financiers dans ce cas. Le porteur de projet reçoit les sommes versées, même si l'objectif n'est pas atteint.

SoMoLend

Site de petits prêts avec intérêts aux entreprises par des particuliers, mais pas n'importe lesquels : famille, amis, voisins,...

AngelList

Un mécanisme complexe pour investisseurs ayant les moyens de prendre des risques. Pour faire simple, des investisseurs professionnels (*business angels*) repèrent des start-up et fédèrent autour de ces projets des investisseurs plus modestes, qui peuvent être appelés ensuite à prendre des parts dans d'autres entreprises pleines de promesses.

(source : Forbes)

Les différentes manières de lever des fonds

En résumé, le crowdfunding prend aujourd'hui plusieurs formes :

- Le don pur : les donateurs ne reçoivent rien en échange de leur mise ; ils sont en fait de « micro-mécènes ».
- Le don avec contreparties ou récompenses : les donateurs reçoivent une récompense non financière en rapport avec leur intervention (mention de leur nom dans le programme du spectacle, invitation au vernissage de l'exposition, dîner avec l'artiste, tiré à part d'une planche de BD,...).
- Le prêt sans intérêts entre particuliers, dans tous les domaines d'activité, notamment dans le micro-crédit pour soutenir des projets dans les pays en voie de développement.

- L'apport de services ou parrainage (créneau en développement) : les donateurs n'engagent pas d'argent, mais proposent gratuitement leurs compétences pour aider à la réalisation du projet ou encore donnent un coup de pouce en nature (mise à disposition d'une salle pour le spectacle ou l'exposition, comptabilité, relations publiques,...).
- L'investissement : les particuliers entrent directement ou indirectement dans le capital d'une entreprise ; après quelques années, la société a pris de la valeur (si tout va bien) et l'investisseur peut « sortir » avec une plus-value grâce à la revente de la participation ; la plateforme qui a accompagné le dossier facture à l'entreprise le montage de ce dernier et prélève alors un pourcentage sur la plus-value.
- Le prêt avec intérêts: les investisseurs accordent directement ou via un mécanisme complexe (par exemple pour respecter le monopole bancaire en France) un prêt à une société déjà en activité ; dès réception des sommes, l'entreprise commence à rembourser avec un taux d'intérêt bien supérieur au carnet d'épargne ; l'investisseur touche donc une somme mensuelle pendant quelques années (si tout va bien également).

Encore jeune et en plein développement, le crowdfunding évolue vite. « La question de départ, c'est : que peut-on faire de constructif avec l'épargne des gens ? », résume Antoinette Godin qui, après avoir étudié le phénomène du crowdfunding pour la Commission européenne, est aujourd'hui responsable des projets européens au fonds d'investissement Star't (industries créatives). On a vu naître des formules « mixtes » comme l'appel à l'apport des particuliers qu'une entreprise s'engage à compléter par du mécénat. Les pouvoirs publics (villes, régions, institutions...) y font désormais appel, par exemple dans le domaine du patrimoine et du soutien à l'économie locale. Le site généraliste YouTube, lassé de voir ses créateurs de vidéos faire campagne sur la plateforme américaine Indiegogo (malgré l'accord entre les deux sites), a développé le *fan funding*, permettant au public de soutenir les artistes sans intermédiaire par des montants de 1 à 500 dollars. Ce système, annoncé en juin 2014, n'est toutefois appliqué que dans certains pays (Etats-Unis, Australie, Mexique,...) et impose l'utilisation d'un *Google wallet* (portefeuille), puisque YouTube appartient à Google. YouTube n'a pas (encore ?) annoncé le paiement par PayPal ou carte de crédit.

Pour l'instant, il s'agit d'un test. YouTube a sélectionné quelques-uns de ses *channels* où l'opération est possible, mais la pédégère de YouTube,

Susan Wojcicki, se refuse à donner le moindre détail. Le service ne sera d'ailleurs pas systématiquement offert : ce sont les pourvoyeurs de contenus vidéo qui feront le choix de l'utiliser ou non. Un bouton situé en haut à gauche de l'écran permettra d'effectuer un don d'un simple clic. YouTube prélève 5% du montant récolté, plus un petit pourcentage pour les transactions, qui varie d'un pays à l'autre.

YouTube a tout à gagner dans ce nouveau système : les prélèvements sur les dons s'ajouteront aux recettes publicitaires. Quant aux fans, ils resteront plus longtemps sur le site et irons moins souvent se perdre sur une plateforme de crowdfunding indépendante, même si les créateurs de vidéos auront toujours la possibilité d'indiquer un lien renvoyant vers une classique plateforme de crowdfunding.

On l'aura compris : chaque plateforme tente d'attirer le plus de projets pour bénéficier d'un effet de taille et surtout ne rien perdre de la manne croissante du crowdfunding.

Toutes les prévisions, qu'elles soient mondiales, européennes ou limitées à un pays font état d'une croissance accélérée du crowdfunding dans les prochaines années. Les montants récoltés sont multipliés par deux chaque année et le nombre de plateformes, généralistes ou spécialisées dans un domaine précis, explose. *Forbes* a estimé que les montants levés par crowdfunding dans le monde dépasseront 20 milliards de dollars en 2020. Ce business attire des idéalistes, qui espèrent avoir un impact direct sur la société, mais aussi... des opportunistes qui y voient une poule aux œufs d'or.

Désormais, les porteurs de projets se retrouvent dans tous les domaines de la société : particuliers, associations sans but lucratif (Belgique) ou associations Loi de 1901 (France), organisations humanitaires, sociétés commerciales en démarrage ou développement, pouvoirs publics, écoles supérieures,... Comme les montants récoltés, comme la multiplication des plateformes, le nombre des projets en quête d'argent va croissant. Et très vite.

Les conséquences sont évidentes. Il est de plus en plus difficile de choisir la plateforme qui sera la plus efficace en fonction du projet. Les plateformes elles-mêmes appliquent des critères de sélection précis, qu'elles ne communiquent pas totalement. Une plateforme généraliste internationale nous a ainsi glissé qu'elle ne retenait en premier lieu qu'un tiers des projets soumis et, après examen, ne mettait en ligne que deux tiers des présélectionnés.

On voit ainsi apparaître des intermédiaires qui se proposent d'orienter les porteurs de projets et de les conseiller dans la communication. Ils prennent au passage un forfait plus un pourcentage en cas de réussite qui s'ajoutent à l'ardoise de la plateforme. Cela commence à faire beaucoup quand on ne cherche que 3.000 euros ! Aux États-Unis, vu la taille du marché, de véritables agences-conseil se sont développées pour réaliser les campagnes de très grands projets.

L'exigence des plateformes est encore plus marquée lorsqu'il s'agit d'investissement ou de prêt. Rappelons que les PME représentent 95% de l'emploi en Europe, selon l'*European Crowdfunding Network*, et que les banques les regardent avec méfiance. On mesure tout de suite l'enjeu économique que représente le développement du crowdfunding. Le financement participatif donne un sens à l'épargne qui dort sur les livrets et constitue un ressort de développement.

Pour l'entrepreneur en recherche de fonds, parvenir jusqu'à la mise en ligne nécessite une préparation qui peut prendre plusieurs semaines, voire des mois. Un parcours du combattant. Il faut un dossier financier solide et maîtriser la stratégie, car l'entreprise candidate doit être en mesure de répondre à toutes les questions des internautes qui ne sont pas des naïfs. Leur profil ? La quarantaine, une fonction de cadre supérieur dans une banque ou dans les nouvelles technologies qui leur vaut une confortable épargne et une fine connaissance du monde de l'entreprise.

Autre difficulté dans une action de crowdfunding : se différencier des autres offres. Lorsque l'on voit passer quatre ou cinq projets par mois dans sa messagerie ou sur Facebook, on ne peut pas donner à tous, aussi formidables soient-ils. L'importance de la campagne de communication va croissant et suppose de plus en plus d'imagination.

D'ailleurs, à côté de la récolte de fonds, une campagne de crowdfunding est aussi, voire surtout, un outil de marketing et de communication. Il est facile de tester par ce moyen et à moindre coût la validité d'un projet puis de capitaliser sur le succès de la récolte auprès des différents publics (presse, blogueurs, consommateurs, amateurs d'art,…) pour montrer littéralement ce que l'on vaut. Les donateurs et investisseurs, eux, constituent un véritable réseau de « leaders d'opinion » (en jargon de marketing), d'authentiques ambassadeurs du projet qui en parleront autour d'eux ou même prodigueront des conseils.

Ce livre souhaite donc répondre de façon pratique aux questions que se posent les porteurs de projets, quelle que soit leur activité, et les guider dans leurs démarches. Les internautes qui se sentent une vocation de donateur ou d'investisseur y trouveront aussi quelques conseils. Chapitre après chapitre, nous donnerons également un coup de projecteur sur les grands débats qui agitent aujourd'hui le monde du crowdfunding. Et dont l'issue déterminera l'avenir, tant au niveau national qu'européen.

QUELQUES PLATEFORMES GÉNÉRALISTES FRANÇAISES ET BELGES

Ulule (France-Europe)

Plateforme française, créée en octobre 2010, en pratique concurrente de KissKissBankBank, mais plus internationale et avec une stratégie de relations publiques plus « modeste » (selon le directeur de la communication). Ulule est disponible en six langues et 23 devises. Elle brasse large : culture, création, social, humanitaire, entrepreneuriat,... Elle se présente comme le « premier site de financement participatif européen », mais avec un positionnement plus discret que KissKissBankBank. Présente dans 133 pays. Rétribution : jusqu'à 100.000 euros, 8% TTC en cas de paiement par carte bancaire et 5% TTC pour paiement par Paypal ou chèque. Entre 100.000 et 250.000 euros, les montants diminuent respectivement à 7% TTC et 4% TTC. Et jusqu'à 500.000 euros : 6% TTC par carte et 3% TTC pour Paypal et chèque. Multi-devises, un clic suffit pour passer de l'euro à une autre monnaie. Ulule présente régulièrement des campagnes de la Fondation VMF (sauvegarde du patrimoine) – dont, récemment, la restauration des tableaux en céramique de la gare de Tours. Sur la même plateforme, on trouve un appel du Musée d'Orsay pour la restauration de « L'Atelier du Peintre » de Courbet.

KissKissBankBank (France-Benelux)

Crowdfunding dédié à la créativité, l'innovation, l'entrepreneuriat et la solidarité. Règle du « tout ou rien » : si l'objectif financier n'est pas atteint, les contributeurs sont remboursés et le porteur de projet ne reçoit rien. En cas de réussite, la plateforme prélève 5%, plus 3% de frais bancaires. Les contreparties comme une participation aux bénéfices, l'alcool, le tabac, etc. sont prohibées. Possibilité de voir le projet soutenu par des « mentors » (institutions et associations de toutes sortes) qui apposent leur logo sur la page. Les « mentors » peuvent aussi introduire sur la plateforme des projets issus de leur communauté. Antenne francophone à Bruxelles et développement prévu pour les projets en néerlandais. Foire aux questions et conseils très complets. On y apprend que la phrase d'accroche de votre projet ne peut dépasser 140 signes et doit contenir la nature du projet (musique, BD, théâtre, webdoc, jeu,...).

Babeldoor (France)

Pour les artistes, auteurs, créatifs, réalisateurs, aventuriers, entrepreneurs, humanistes, en Europe ou à l'autre bout du monde... Les projets sont donc très variés : lutte contre l'épilepsie, aide à un petit entrepreneur africain qui a besoin d'une moto, école qui veut bâtir son site web,... Principe du « tout ou rien ». Prélèvement de 6% en cas de réussite.

Babyloan (France)

« Les petits projets font les grandes histoires. » Se présentant comme le leader européen du micro-crédit solidaire, Babyloan soutient les micro-entrepreneurs qui cherchent un coup de pouce financier pour démarrer ou qui ont besoin de fonds à un moment de leur croissance... et que les banques ne veulent pas financer. Comment ? Grâce à des particuliers qui prêtent un petit budget sans intérêts. Babyloan dispose aussi de liens avec des structures publiques qui peuvent avancer le montant du prêt à l'entrepreneur (Babyloan se chargeant de collecter le montant à rembourser) ou accompagner les entrepreneurs débutants dans leur aventure. Prêt à partir de 20 euros. Le donateur peut aussi offrir des chèques cadeaux « prêts » à l'occasion d'un anniversaire, par exemple.

Crofun

Site généraliste belge, aux ambitions européennes, mais présentant encore une majorité de projets flamands. La description du fonctionnement existe en français. Crofun propose, pour les dons avec récompenses, le financement « tout ou rien », le financement flexible (le porteur de projet reçoit ce qui a été engrangé, même si l'objectif n'est pas atteint). Il annonce aussi le crowdfunding par prêt et par participation aux bénéfices. Attention : pour monter sur la plateforme, il faut s'acquitter d'un coût d'annonce de 181 euros et CroFun prélève aussi 5% des sommes récoltées plus des frais bancaires. Conditions générales à lire attentivement car elles sont assez laconiques, notamment pour les domaines de l'investissement et du prêt.

AngelMe (Belgique)

Annoncée depuis janvier 2013, et la dernière fois par voie de presse à la fin juin 2014, le site de cette plateforme de crowdfunding avec récompense se limitait toujours, le 15 septembre 2014, à la phrase « AngelMe is coming ». On patiente donc.

MyFirstCompany (Belgique – pour mémoire)

La pionnière en Belgique proposait d'investir en capital dans de jeunes entreprises. Elle a dû cesser ses activités après un an suite à l'intervention de l'autorité des marchés financiers (FSMA) qui a considéré qu'elle faisait un appel public à l'épargne sans respecter les conditions légales.

Akamusic, devenue Akastarter (Belgique – pour mémoire)

Branchée au départ sur les projets musicaux, cette petite plateforme a élargi ses activités sous le nom de Akastarter, ce qui n'a pas suffi. Elle a cessé ses activités à l'été 2013.

Chapitre 2

Crowdfunding et communication

Vous voici décidé à débuter une campagne de crowdfunding en faveur d'un projet culturel, créatif, social, entrepreneurial,... Vous cherchez un montant raisonnable : entre 1.000 et 10.000 euros[1].

Rappelons que, même si le crowdfunding fonctionne sur et grâce à l'internet, les projets proposés ont rarement un rapport avec le web. Spectacles, expositions, concerts, création de commerces ou restaurants locaux, lignes de vêtements... on trouve de tout !

Une récolte de fonds ne s'improvise pas. Il faut en premier lieu comprendre le fonctionnement des grandes plateformes généralistes. La majorité d'entre elles pratiquent le « tout ou rien » : si l'objectif est atteint ou dépassé, les fonds sont versés au porteur de projet. D'autres appliquent le *keep it all* : le porteur de projet reçoit les sommes récoltées, même inférieures au but fixé.

Les diverses plateformes européennes ont un point commun : elles ont été fondées par des entrepreneurs se présentant un brin idéalistes, soucieux de changer les relations entre les acteurs de l'économie sociale, culturelle, entrepreneuriale, de la politique avec « Monsieur tout-le-monde ». Elles partagent aussi le désir d'avoir un impact concret sur la société. Le citoyen lambda peut se faire « micro-mécène » ou *business angel* en soutenant des entreprises avec de petits montants. Ce qui n'a pas empêché les leaders comme Indiegogo ou Kickstarter, Ulule et KissKissBankBank de devenir de grosses machines... qui tournent avec des équipes souvent modestes.

Chaque plateforme raconte sur son site la belle histoire de sa création, dans la ligne actuelle du *storytelling*. C'est à qui paraîtra le plus idéaliste, le plus alternatif et offrira la meilleure *success story*. Ici on peut travailler pieds nus, là, amener son chien au bureau. Bref, la petite contreculture du XXIème siècle.

---

1 Les levées de fonds pour des projets entrepreneuriaux de grande ampleur d'environ 50.000 à 3 millions d'euros, sont abordées dans un chapitre ultérieur.

La plupart des plateformes généralistes fonctionnent donc sur le principe du « tout ou rien ». Les fonds ne seront libérés que si vous atteignez l'objectif fixé. Avant que ce cap soit atteint, les internautes pourront soit réorienter leur contribution vers un autre projet, soit la récupérer. Et si vous ne récoltez pas le montant demandé, vous ne toucherez rien et les contributeurs seront remboursés. Les plateformes n'effectuent alors aucun prélèvement pour se rétribuer, sauf exceptions.

Plus rares sont les sites qui transfèrent les sommes au porteur de projet, même si l'objectif n'est pas atteint : le *keep it all*. Sponsume, créée à Londres par Grégory Vincent, un Français lassé de la City, combine les deux formules. C'est une méthode qui s'étend puisque la plateforme touche son pourcentage même en cas d'échec.

Les projets acceptés par les plateformes généralistes sont très variés : artistiques, créatifs, solidaires, innovants au sens large (technologie, produits originaux, développement durable,...). Elles annoncent quelques projets sur la page d'accueil : les projets les plus prometteurs ou qui collent le plus avec l'image de la plateforme. Les projets qui ne passent pas en « une », il faut les découvrir en cliquant sur des rubriques bien définies. Pour se faire voir, les autres projets devront attendre que l'internaute clique sur la rubrique « spectacle » ou « cinéma » par exemple.

Attention : pour contribuer à une collecte, voire prendre connaissance de l'intégralité des informations sur les projets, l'internaute doit s'inscrire (ce qui n'implique aucune obligation) et rejoindre ainsi la « communauté » du site.

Points à vérifier avant la campagne

- Seules certaines plateformes acceptent diverses devises.
- Ce sont les plateformes qui choisissent les moyens de paiement : vérifiez que les systèmes choisis conviennent aux donateurs que vous recherchez (en fonction du pays, les cartes de débit ou de crédit sont plus ou moins utilisées); si votre public cible est rétif au paiement en ligne, essayez de trouver une formule qui permet le virement bancaire traditionnel (en alimentant un compte Paypal, par exemple).

- Certaines plateformes sont multilingues, d'autres présentent tout en anglais ou en français ; enfin, nombreuses sont celles qui privilégient l'anglais, mais offrent une partie du contenu en français (notamment les réponses aux questions pratiques) ; là aussi, il faut faire son choix en fonction du public visé : si vos proches (vos premiers contributeurs) sont rétifs à la langue de Shakespeare, choisir une plateforme majoritairement anglophone signifiera « y être, c'est ne pas être ».
- Ne vous faites toutefois pas trop d'illusions : même si vous êtes persuadé (à raison, bien sûr), que votre talent est digne de conquérir le monde, les contributeurs seront surtout liés par la proximité relationnelle et/ou géographique ; pour contourner le problème, on peut tenter de mettre son projet en valeur sur une plateforme de niche réunissant des passionnés (de cinéma, de développement humanitaire, de jeux vidéo,...).
- Sur les grandes plateformes, la campagne de récolte de fonds durera entre 60 et 90 jours: cela vous permet de limiter vos efforts de communication dans le temps et crée un sentiment d'urgence chez les contributeurs (effet induit : ce court délai permet aux plateformes de faire tourner un nombre important de projets...).
- Il y a quelques exceptions à la concentration de la campagne dans le temps : la musique, le cinéma et l'édition, les projets humanitaires qui demandent de plus grands montants, étalent parfois leur récolte de fonds sur six mois, voire plus.

Ensuite...

D'abord, la propriété intellectuelle : le nouveau produit que vous désirez développer doit être protégé par un brevet, la marque doit être déposée pour tout le territoire européen (au minimum), votre œuvre artistique déposée auprès d'une société d'auteurs afin de pouvoir en prouver l'antériorité en cas de plagiat. *Last but not least*, achetez votre nom de domaine sur le web.

Bref, si vous pensez détenir une idée géniale, il faudra vous engager aussi loin que possible dans la réalisation avant de songer au financement participatif (il n'y a pas de copyright sur les seules idées). Evitez d'en dire et d'en montrer trop sur le web si votre idée est aisée à copier.

Les dernières questions clé

- Suis-je capable de donner un titre court et accrocheur à mon projet ?

- Puis-je ensuite résumer mon projet en quelques lignes compréhensibles par le grand public ?

- Ai-je un ou plusieurs visuels forts qui puissent illustrer mon début de campagne (dont des vidéos) ?

  Exemple d'entreprise : *la vidéo de présentation de la société « Fear Hunters » (littéralement « chasseurs de peur ») : des personnages de tissu, qui, en fonction de leur forme, de leur couleur et de détails adaptés (une cicatrice cousue pour symboliser les bobos, etc.) aident les petits de deux à cinq ans à surmonter leurs frayeurs. Le patron-présentateur est assis parmi ses créatures, dans une chambre d'enfant. La vidéo, en français sous-titrée anglais, est aussi didactique, expliquant le phénomène de la peur chez les tout-petits.*

  https://www.mymicroinvest.com/fr/startups/113-fear-hunters

  Exemple culturel : *« 286 jours », c'est le titre d'un roman photographique de Frédéric Boilet (auteur de BD bien connu des amateurs) et Laia Canada. L'ouvrage retrace une histoire d'amour, de la rencontre à la fin, en 286 jours, à travers des photos, des e-mails, des recettes de cuisine,... Le tout dans un format horizontal sur un papier de qualité pour mettre en valeur les illustrations. Bref, la maison d'édition (Les Impressions Nouvelles) avait besoin d'un budget supplémentaire compte tenu des caractéristiques de l'oeuvre. La campagne de crowdfunding était bien nécessaire. Après de multiples essais de vidéo classique – Frédéric Boilet face caméra présentant le projet -, c'est la vision subjective qui s'est imposée. L'auteur raconte l'histoire en voix off et, la caméra sur l'épaule, traverse les lieux de l'histoire. C'est parfois flou, il y a du « bougé » dans l'image... et cela colle parfaitement à ce livre bourré de talent et très original.*

  http://www.kisskissbankbank.com/286-jours-de-frederic-boilet-laia-canada

- Ai-je le temps et les moyens de mener une campagne de communication alimentée tous les jours (idéalement) pendant deux ou trois mois ?

Si la réponse à une seule de ces questions est « non », c'est que votre projet n'est pas encore mûr ou qu'une campagne de financement participatif n'est pas la meilleure solution.

C'est hélas parfois le cas des nouvelles disciplines artistiques qui ne trouvent pas place dans les catégories déterminées par les plateformes (musique, cinéma, édition, arts plastiques, théâtre, danse,...) ou encore de projets scientifiques et de recherche complexes.

La « cerise sur le gâteau »

Ultime recommandation, mais décisive : assurez-vous de bénéficier d'autres sources de financement que le crowdfunding. Mettre tout son espoir dans le financement participatif est trop aléatoire et décrédibilise de fait votre projet, comme si personne n'y croyait sauf vous.

La campagne a pour but de « mettre la cerise sur le gâteau » : la location d'un studio d'enregistrement professionnel, la conception et l'impression de la pochette du CD, un meilleur papier pour le livre, la constitution d'une partie du stock pour votre site d'e-commerce... A côté de cela, il vous faudra l'apport de votre structure (association, société,...), d'un subside, de quelques économies, d'une bourse récompensant vos activités ou encourageant la création de votre entreprise, et, avec un peu de chance, un financement bancaire.

Le principe d'une campagne de crowdfunding est expliqué sur la plupart des plateformes, mais rappelons-en la base. Il s'agit de toucher successivement :

- votre premier cercle de relations : famille, amis, collègues,... mais aussi votre public (votre fichier professionnel : spectateurs, amateurs d'art, fans de votre groupe musical,...). Ce sont eux que vous devrez convaincre en premier pour récolter la base du budget qui crédibilisera votre démarche et, tout aussi important, ce sont eux qui partageront les messages à leurs propres contacts via les réseaux sociaux, leur carnet d'adresses mail, etc. ;
- ainsi, vous toucherez le deuxième cercle : les amis de vos amis, qui seront sensibles à la recommandation de ces derniers ;
- enfin, par le biais du partage de votre projet par le deuxième cercle, vous devriez toucher « la foule » : des personnes qui ne vous connaissent pas, mais qu'il faudra séduire.

On l'a compris, il faut commencer par toucher le premier cercle avant d'entamer la campagne.

Comment contacter ses proches ?

- Commencez par parler de votre projet autour de vous chaque fois que c'est possible, dès qu'il est mûr : vous démontrerez votre volonté d'aboutir.
- Utilisez les méthodes préhistoriques qui ont fait leurs preuves : passez des coups de téléphone, réunissez les copains pour un barbecue d'information,... Envoyez des courriers postaux avec un élément reliant au projet (un logo, une photo, un titre, un lien vers le site web,...) : c'est devenu tellement rare que cela ne passera pas inaperçu !
- Faites usage des réseaux sociaux (Twitter, Facebook, mais aussi Pinterest ou LinkedIn...).
- Utilisez votre propre carnet d'adresses mail, l'association d'anciens de votre université, etc. ; réseau à compléter par celui de chaque membre de l'équipe,...

Le but de la campagne

- Tester la faisabilité de votre projet et l'intérêt de vos proches.
- Motiver des personnes qui sont théoriquement acquises à votre cause.
- Obtenir de vos proches des promesses de dons qui seront effectués dès la mise en ligne, ce qui montrera que votre projet est crédible et intéressant ; cela le « validera » en jargon de communication (sur Ulule, le projet accepté est placé en « couveuse » pour quelques jours, le temps d'engranger un premier tour de table, avant la mise en ligne).
- Mobiliser les contacts de votre premier cercle pour qu'ils aident à convaincre leur propre réseau de relations (et plusieurs fois tout au long de la campagne).

Toutefois, modérez vos illusions : il y a des « amis », des *followers* et des membres de votre carnet d'adresses qui ne partageront pas vos messages. Par distraction, par manque de temps ou simplement parce que vous êtes moins copains que vous ne le pensiez.

Lorsque la campagne atteint le deuxième cercle et fonctionne bien, il est temps de contacter les « leaders d'opinion » qui communiqueront votre projet auprès du grand public, élargissant encore les partages du deuxième cercle. Donc, la presse, les blogueurs, des associations professionnelles, des messages sur des forums liés à vos centres d'intérêts, les anciens de votre université, etc.

Pensez, à chaque fois que vous contactez une cible à mettre en valeur ce qui fait « la différence » de votre projet :

- la nouveauté, l'innovation... quel que soit le domaine d'activité ;
- un début de campagne « record » : par exemple, 40% du budget à atteindre a été récolté en 48 heures grâce à une centaine de contributeurs ;
- les compétences, le professionnalisme de l'équipe (ou à l'inverse, l'enthousiasme de jeunes bénévoles) ;
- les garanties de qualité (ex. des réalisations précédentes réussies, des articles de presse, un prix ou une récompense obtenue dans un concours, la sélection suite à un appel d'offres).

Quelques conseils rapides pour les relations avec la presse :

- à moins d'être Stromae ou Président de la République, oubliez la traditionnelle conférence de presse : il y a de moins en moins de journalistes dans les rédactions, donc s'absenter deux ou trois heures (puis rédiger l'article) devient un dilemme cornélien ; misez plutôt sur le contact direct si vous connaissez déjà le journaliste ou l'écrit si vous avez l'intention de contacter de nombreuses rédactions ;
- déterminez quel(s) type(s) de presse vous ciblerez :
    - ✓ en Belgique, la presse « nationale » (quotidiens en français ou néerlandais) est assez accessible, de même que la presse spécialisée (économie, informatique, hebdos et mensuels féminins,...), sans oublier les quotidiens régionaux et la modeste presse numérique – le tout est de trouver un angle accrocheur (différent) pour chaque type de média ;
    - ✓ en France, si votre projet n'est pas d'envergure nationale, ciblez en premier la presse quotidienne régionale, qui dispose de la plus grande audience (y compris les télévisions régionales, les décrochages des grandes chaînes, etc.) et les médias spécialisés (y compris les titres numériques régionaux) ; avec un peu de chance, l'article en presse écrite servira de tremplin ; tentez le coup auprès des quotidiens nationaux, avec

à chaque fois un angle précis, mais n'usez pas votre énergie à les convaincre : si votre campagne démarre en force, vous aurez davantage d'arguments à faire valoir par la suite ;

- ciblez évidemment les journalistes concernés par votre initiative (critiques d'art, journalistes couvrant les « faits de société », service économie, journaux locaux, presse spécialisée dans les technologies de l'information et de la communication, sites web d'information spécialisées et blogueurs en rapport avec la nature de votre projet,...) ;
- réalisez un dossier de presse à deux vitesses : un communiqué synthétique d'une page maximum comprenant toutes les informations utiles (les journalistes doivent travailler très vite, cela leur facilitera la tâche), et un dossier de quelques pages plus approfondies ;
- joignez des illustrations de qualité (surtout des photos) : l'article n'en sera que plus visible ;
- si vous ne connaissez pas suffisamment de journalistes, faites un shopping en librairie (vous y trouverez les noms des journalistes, souvent leur adresse mail et leur numéro direct), en cas de doute, passez un coup de fil aux rédactions et demandez le nom, l'e-mail, etc. du reporter qui couvre habituellement votre domaine ; on vous répondra volontiers ;
- prenez les choses à temps : un sujet destiné à la presse quotidienne ne paraîtra pas systématiquement le lendemain si l'actualité est chargée ;
- dans le même ordre d'idées, les publications périodiques ont un délai de réalisation plus long : expédiez votre dossier dix ou quinze jours à l'avance ;
- après quelques jours, n'hésitez pas à passer un *rapide* coup de fil au journaliste ou à sa rédaction pour vérifier que le dossier est arrivé à bon port et demandez *très gentiment* s'il y aura un suivi ;
- si la réponse du média est négative, inutile d'insister : les journalistes font un tri dans la masse d'informations qui leur parvient, la balle est dans leur camp ; en vous obstinant, vous parviendrez juste à vous mettre à dos la rédaction pendant un bout de temps...

Bon à savoir :

- certains projets pointus ou très locaux n'atteindront jamais le troisième cercle ; il faudra se débrouiller avec les deux premiers !
- il est possible (mais très rarement) de lancer la campagne de presse au début de l'action de crowdfunding, lorsque le sujet comprend un élément grand public : c'est la tactique qu'a utilisée l'ac-

trice Michèle Laroque pour financer son premier film en tant que réalisatrice, mais sa notoriété lui a permis de passer dès le début en télévision et dans la presse écrite pour présenter son projet... et faire déjà la publicité de son film !

Sur la plateforme, comme expliqué, le projet doit être résumé par un titre ou une phrase choc, puis un résumé de quelques lignes et un visuel (l'idéal : une vidéo d'une minute maximum et impérativement de qualité professionnelle, faute de quoi vous passerez pour un amateur).

En cliquant sur ce message d'accueil, le visiteur doit en apprendre davantage. Y compris en cours de campagne : il faut donner des nouvelles de l'aventure, de l'avancement des choses... Éventuellement, la page de la plateforme peut renvoyer à votre site web ou un site web spécifique à l'opération. Ou encore à la page Facebook du projet.

Combien coûte une campagne de crowdfunding ?

Commençons par rappeler les terrifiants pépins de la réalité : si vous faites une campagne en tant que personne physique ou à travers un petite association, les banques ne vous feront pas confiance : elles se méfient des demandes de prêts modestes. Dans la logique du banquier, si vous avez besoin d'un crédit de 3 ou 4.000 euros, c'est vraiment que vous êtes financièrement fragile et donc peu digne de confiance.

Si vous bénéficiez de quelques subsides ou d'économies, le crowdfunding peut vous apporter le financement complémentaire. La réflexion principale, alors, est d'évaluer le montant à récolter, mais surtout les coûts que la campagne engendrera. C'est parfois difficile dans une petite structure qui ne possède pas de comptabilité analytique : il faut tenir compte des heures qui seront prestées, des frais de création (site web, vidéos,...), des coûts annexes (frais d'expédition des récompenses par exemple), etc.

La plateforme prélève généralement 5% des sommes récoltées en cas de succès (sinon, tout est restitué aux contributeurs) et 3% de frais bancaires. A ces sommes, il faut donc ajouter le coût de l'investissement pour le porteur de projet (temps, réalisation de la campagne elle-même, réalisation et préparation des contreparties, expédition,...).

Certaines plateformes proposent à qui le souhaite un réseau de sous-traitants pour vous aider dans la réalisation de vidéos, les relations publiques,... mais *there is no free lunch*, il n'y a pas de repas gratuit, donc cela se paie.

Des plateformes plus récentes proposent, avant la mise en ligne, du conseil, des services (réalisation d'un logo, d'un business plan, d'une vidéo, d'un site web, etc.) pour un budget à négocier, un coût complété évidemment par un pourcentage sur les sommes récoltées.

Si la formule vous tente, posez le maximum de questions et faites vos comptes en détail.

La promesse d'un site web ne signifie rien si l'on ne vous donne pas le nombre d'écrans, l'arborescence, les moyens de l'actualiser régulièrement (ce qui dépend du langage informatique utilisé), l'insertion de photos et vidéos, etc. Comparez les prix et voyez, par un petit appel d'offres auprès de différents sous-traitants possibles, s'il n'est pas plus économique de faire directement appel à votre comptable, un studio de graphisme et webdesign, voire une attachée de presse, pour monter ensuite sur une plateforme généraliste.

L'explosion du nombre de plateformes, la compétition croissante entre projets pour attirer l'attention du public voit donc l'émergence d'intermédiaires, notamment en France et en Belgique, qui offrent de vous conseiller dans ce parcours. Ils prélèvent généralement un forfait (même en cas d'échec) plus un prélèvement sur les sommes récoltées... qui s'ajoute au pourcentage de la plateforme. On peut se demander si ce système est vraiment indispensable lorsque l'on ne cherche que 4.000 euros !

Comment soumettre un bon projet ?

Les plateformes dispensent des conseils et les FAQ répondent à beaucoup d'interrogations. Envoyez un dossier abouti : la plateforme vous répondra en deux ou trois jours, mais il n'y aura pas d'examen de rattrapage. Ne sollicitez pas plusieurs plateformes en même temps : la plupart d'entre elles exigent l'exclusivité. Et ne brûlez pas les étapes : si vous voulez enregistrer un album, il faudra au moins une maquette de quelques titres, si vous montez une pièce de théâtre, attendez les premières répétitions et d'avoir trouvé la salle et établi les dates... Cela vous permettra d'ailleurs de mieux évaluer le budget complémentaire que vous comptez récolter par le financement participatif.

Bon à savoir : avant de donner leur accord, les plateformes effectuent une rapide enquête pour vérifier que le porteur de projet existe bel et bien, que l'artiste a déjà un parcours, etc. Histoire de détecter le fanfaron qui veut financer ses vacances en Amazonie à l'occasion d'un « documentaire », même s'il n'a jamais tenu une caméra dans sa vie.

De toute façon, lisez bien les conditions générales des plateformes qui vous intéressent, même si c'est rébarbatif, pour vérifier par exemple que vous garderez l'entièreté des droits et la propriété intellectuelle de votre projet, sauf dans les domaines de la production (musique, audiovisuel) ou de l'édition. Si vous faites une concession ou une cession de droits, faites-le en toute connaissance de cause. Cela vaut la peine d'investir dans une consultation d'avocat. Et relisez sept fois le contrat avant de signer.

Explosion du nombre de plateformes : comment s'y retrouver ?

Surfez sur les sites, évaluez le nombre de projets présentés en ligne (un certain volume assure du trafic) et le nombre de projets financés. En divisant le total des montants récoltés par le nombre de projets ayant abouti, vous vous ferez une idée de la moyenne des financements obtenus. Vous verrez aussi la taille de la communauté.

La plupart des plateformes n'offrent aucun accompagnement ou alors du support rapide en ligne. Une fois le projet accepté, la balle est dans le camp du porteur de projet. KissKissBankBank essaie de se différencier en mettant en avant ses conseils personnalisés. C'est particulièrement le cas actuellement en Belgique où la plateforme multiplie les partenariats. Gain : obtenir de la visibilité dans les médias, éduquer le marché et occuper le terrain avant l'arrivée de concurrents…

Une plateforme généraliste peut donner une caution à votre campagne. Les plateformes cherchent en outre des parrainages d'organismes divers en guise de labels de qualité. Mais les plateformes spécialisées qui existent de longue date garantissent, elles, un trafic de fans du secteur (musique, cinéma, mode, développement durable,…).

Plateforme locale, européenne ou mondiale ?

Pour faire votre choix entre une plateforme régionale, nationale, européenne ou mondiale, tout dépendra du montant visé et de l'ampleur du projet. Si votre projet est régional, inutile d'aller se noyer dans la masse sur une plateforme européenne, voire américaine. C'est peut-être chic, mais pas efficace. En outre, cela suppose des démarches comme ouvrir un compte ou trouver un partenaire aux États-Unis.

<u>Exemple d'erreur stratégique</u> : *un projet social belge s'est présenté sur une plateforme anglophone: outre un manque d'information sur le sujet (création d'une école spécialisée pour enfants « hypersensibles », sans définir ce type de personnalité), les contreparties offertes étaient locales (cocktail d'inauguration, visite des classes...) ; qui pouvait financer le projet sinon des parents concernés et des personnes de la région ?*

Par contre, si votre objectif est international (ex. développement d'un jeu vidéo) et qu'il vous faut beaucoup de fonds, tentez les Etats-Unis (Kickstarter dispose aussi d'une antenne à Londres).

Pour que tout se passe bien

- Choisissez un projet auquel vous croyez à 1.000% : votre conviction et votre enthousiasme seront déterminants ; si vous n'y croyez pas, qui le fera ?
- Ne cherchez pas simplement des spectateurs, des lecteurs, des investisseurs, mais à constituer une communauté qui va participer et soutenir votre projet.
- Ne montez donc pas votre campagne comme l'on fait un dossier de presse au ton « objectif » ou une demande de subside argumentée ; ici, tout en communiquant les faits, laissez aussi la place aux sentiments, à la subjectivité,... L'émotion est le premier ressort du contributeur.

  TYT est une chaîne de télévision américaine diffusée sur le web. Et a lancé sur Indiegogo une campagne afin de construire de nouveaux studios avec tout l'équipement technique (montant minimum à récolter : 250.000 dollars). Rien de moins ! Bien sûr, quantité de vidéos très professionnelles accrochent l'internaute grâce aux présentateurs vedettes.

Mais les formules utilisées dans les textes sont encore plus intéressantes. « Rejoignez-nous pour le prochain chapitre enthousiasmant de TYT et construisez notre nouvelle maison avec nous. » Ou « Vous, oui vous, nos fans (...) ». S'ensuit un usage intensif du « nous » : « nous », supporters et journalistes, sont associés dans la lutte « contre la vérité fabriquée que les médias dominants nous racontent ». Le texte inclut les webspectateurs comme le personnel dans le projet rédactionnel et la construction des studios, rappelant « l'esprit et la passion » qui anime la communauté.

« Ensemble, nous pouvons raconter le monde. » Ou encore : « La maison que vous construisez ». Les contreparties sont à la mesure des dons : depuis la mention du contributeur sur le site web ou son nom gravé sur le « mur des donateurs » dans le bâtiment, jusqu'à voir le principal studio porter son nom... Il y a aussi des récompenses particulières pour les internautes qui s'investissent un maximum – par exemple, ceux qui auront le plus partagé les messages sur Facebook.

- Il ne suffit pas de voir le projet présenté sur une plateforme pour que l'argent rentre ; la plateforme est une vitrine (misez sur les images), à vous de faire entrer les gens dans le magasin.
- Choisissez bien le moment de votre campagne : si la récompense peut faire office de cadeau, préférez octobre-novembre, lorsque tout le monde a Noël en tête ; si vous cherchez des fonds pour une activité de loisir, attendez l'arrivée des beaux jours.
- Dans le domaine culturel ou créatif, ne perdez pas de vue que beaucoup d'amateurs d'art, quel que soit le secteur, ne sont pas eux-mêmes artistes et que le processus de la création les intrigue et les passionne ; faites-leur partager l'aventure.
- Gardez à l'esprit que nous tous percevons notre impuissance à réaliser quelque chose de concret au sein de la société dans laquelle nous vivons : entre les pouvoirs publics, les instances de lobbying, les groupes de pression, les fabricants qui choisissent le contenu de notre assiette, les changements de cap des partis politiques... Quelle est la part de l'action individuelle ? Une contribution à un financement participatif donne la sensation de reprendre un petit peu le contrôle et d'avoir un impact, même modeste, sur le monde (à ne pas oublier par exemple pour les projets qui touchent votre région, etc.).

Chouchouter les internautes et les donateurs

Dessinateur de presse, ce qui lui apporte des revenus réguliers, et auteur de BD, Nicolas Vadot comptait publier un nouvel album – « Maudit Mardi » -, a réalisé un mini-site web et présenté son script en 2009 à son éditeur habituel, bien connu sur la place. Refus... suivi par celui des autres grands de la bande dessinée. Il se tourne alors vers une plateforme spécialisée dans la BD, Sandawe (voir chapitre suivant), avec son pitch « J'ai appris que j'allais mourir un mardi. Six jours sur sept, je suis indestructible ». Et espère trouver les édinautes qui financeront son projet. Budget nécessaire : de 50.000 à 34.000 euros, au strict minimum.

Même si la plateforme est spécialisée, le plan de communication, lui, peut inspirer plus d'un porteur de projet. Tout au long de la campagne, l'auteur ajoute une ou deux planches en ligne chaque semaine. Avril 2010 : zéro euro dans la caisse. Août de la même année : 34.000 euros dont environ 10% par les relations de l'auteur. « J'ai réuni 170 édinautes avec une mise minimum de 10 euros. Les premiers édinautes étaient des investisseurs. Ensuite, des personnes intéressées par la création d'un album qui voulaient faire partie de l'aventure. Le don record a été de 7.000 euros. » L'auteur a invité les plus importants contributeurs au restaurant.

Le total des sommes récoltées a atteint 56.000 euros, grâce à 289 édinautes, ce qui a permis l'édition d'un diptyque. « Pour attirer les gros édinautes, j'ai mis des planches originales aux enchères, j'ai aussi présenté le making of sur mon site, avec code d'accès, jusqu'à un total de 140 planches. »

Quelque 150 édinautes ont même leur nom au cœur de l'album sur une enseigne, une marque de vêtements, une station de métro... « Il ne faut jamais renoncer », résume cet auteur acharné. Toutefois, malgré une critique très favorable dans les plus grands titres de presse en Belgique, France et Suisse, le tome 1 s'est vendu à 1.500 exemplaires et le tome 2 à 1.000 exemplaires. « Le public de la BD n'a pas diminué, mais, il y a vingt ans, les éditeurs proposaient 500 nouveautés par an et aujourd'hui, 6.000. Le modèle économique des grands éditeurs ne tient plus. Il y a aussi un problème de marché : neuf albums sur dix ne passent pas les frontières de la francophonie. »

- Même raisonnement que dans l'exemple de la BD détaillé ci-dessus, dans l'humanitaire, plutôt que de donner quelques sous à un organisme international, certains contributeurs préféreront connaître directement la façon dont leur don sera utilisé, d'où le succès du micro-crédit : un contributeur choisit un projet (soutien à une activité dans un pays en voie de développement par exemple), prête un petit montant (à partir de 20 euros sur Babyloan) et, à la fin du remboursement, décide de récupérer la somme ou de la prêter à une nouvelle initiative.

- Le cas échéant, perfectionnez-vous dans l'usage du web : il existe une multitude de logiciels gratuits qui vous permettront de présenter un diaporama, des vidéos de qualité professionnelle, une brochure en ligne,...
- Soyez réaliste aussi pour le montant à réunir : mieux vaut prévoir le budget minimum requis et le dépasser que devoir renoncer parce que l'on n'a récolté que 60% de l'objectif (ce qui décrédibilise à tous les coups) ; vos financeurs n'achèteront pas un chat dans un sac : pour inspirer confiance, établissez un budget détaillé pour l'utilisation du montant demandé et décrivez les étapes suivantes au cas où vous glaneriez plus que souhaité.
- Il faudra payer de votre personne pendant toute la durée de la campagne (généralement entre 60 et 90 jours) et communiquer régulièrement (l'idéal : être présent tous les jours sur les réseaux sociaux avec de nouvelles informations, de nouveaux visuels, etc.)
- Gardez à l'esprit que certaines plateformes présenteront votre projet en plusieurs langues (souvent sous forme de résumé) : prévoyez quelqu'un dans l'équipe qui maîtrise l'anglais !

L'argent est venu, mais pas par miracle !

C'est ce que confirme Thomas Prédour, membre d'une jeune équipe qui a créé un musée (itinérant) du Capitalisme. « Nous avons relancé sans cesse nos propres réseaux. Nous nous sommes aussi mis en avant : une équipe de bénévoles de 25 à 32 ans. Et puis, c'était le premier musée du Capitalisme, pas « en faveur » de cette vision, mais présentant son histoire, les différents aspects, pour lancer le débat. C'est l'un de nous qui a eu cette idée après avoir visité le musée du Communisme à Prague... Il y a eu une cristallisation autour du projet. Cela a fonctionné comme un cercle vertueux qui s'agrandit. Nous n'avons pas eu de contact personnalisé avec la plateforme, mais elle a fait de notre projet le coup de cœur de la semaine. Nous cherchions 3.000 euros, nous sommes arrivés à 3.100 euros. Nous avons eu 57 donateurs qui ont versé entre 5 et 500 euros. Cela a lancé une dynamique. Il y a eu encore des dons après la campagne. Nous avons aussi bénéficié de 3.000 euros d'argent public. Le financement participatif, c'est un chouette complément, mais je m'insurgerais contre tout discours des pouvoirs publics qui diminueraient leur apport suite à l'émergence du crowdfunding ».

- Parlez aussi de la campagne hors des réseaux sociaux : par exemple, au bas de vos courriels, rappelez le projet en plaçant le lien ; idem pour vos courriers papier.
- Une présence sur une plateforme n'est pas toujours suffisante pour transmettre tout ce que vous souhaitez ; le cas échéant, intégrez le projet à votre site web ou prévoyez un site web dédié à l'opération dont vous donnerez les adresses sur votre page de plateforme ; les internautes pourront en apprendre plus, vous aurez moins de contraintes que sur la plateforme où l'espace est limité et vous pourrez aussi mettre en valeur ce que vous avez déjà réalisé (événements précédents, détails du projet, articles de presse,...).
- Une campagne prend donc du temps et de l'énergie : il faut le prévoir dans l'agenda de l'équipe, même si c'est parfois difficile à évaluer dans une petite structure.
- La communication en cours de campagne ne s'improvise pas : établissez un plan précis avant le démarrage, prévoyez des messages et visuels différents (coulisses de la création, avancement du projet, zoom sur l'équipe, interview vidéo de l'un ou l'autre,...).
- Faites aussi l'addition pour les contreparties (fabrication d'un objet au nom du projet, organisation d'un vernissage et expédition des invitations, emballage et envoi du nouveau produit ou de livres, etc.) et les heures de travail que cela exigera ; vous pouvez aussi proposer des contreparties « hors frais de port » ; ainsi, ceux-ci n'alourdiront pas votre budget.
- Il faudra imaginer des contreparties et récompenses par paliers, en fonction du montant donné : soyez réaliste et ne promettez que ce que vous pourrez tenir, il en va de votre réputation pour la suite, afin de fidéliser vos fans ou vos clients.
- Les récompenses peuvent être cumulées : celui qui verse 20 euros reçoit les contreparties pour les dons de 5 ou 10 euros plus une contrepartie supplémentaire et ainsi de suite.

- Surfez, surfez encore pour trouver des idées de contreparties originales... chez les autres : au fil du temps, les internautes se lassent de se voir proposer le T-shirt au logo de l'événement.
- Limitez le nombre de contributeurs acceptés (ex. 5) pour les dons importants (à partir de 250 ou 500 euros) ; cela vous évitera d'organiser en contrepartie vingt-cinq dîners avec l'équipe du projet.
- Envisagez aussi le « sursuccès » : il faudra gérer des récompenses plus nombreuses ; assurez-vous de pouvoir répondre à ces exigences.
- Remerciez immédiatement chaque donateur, même le plus modeste ; dans la mesure du possible, personnalisez votre message.
- Être présenté sur le web ne garantit pas la réussite ; les plateformes annoncent le pourcentage de projets financés ; quitte à perdre quelques illusions, jetez-y un œil...
- En cas d'échec, adoptez la philosophie américaine : échouer fait partie du processus entrepreunerial et créatif ; on apprend de ses erreurs pour mieux repartir.

Quelles contreparties ou récompenses ?

- Elles doivent être en rapport avec la somme versée ; identifiez alors des paliers (5, 10, 15, 20, 30, 50, 100, 200, 500, 1.000,... euros).
- Pour les petits dons, choisissez des contreparties symboliques et qui ne coûtent pas grand-chose : nom des donateurs sur le site internet ou dans le programme, liste des donateurs à l'entrée de l'exposition,...
- Si la contribution est un préachat (ex. édition, entrée à une exposition, place de spectacle), envoyez l'ouvrage avant qu'il soit dans le commerce (exclusivité, voire tirage numéroté, etc.) ou offrez un traitement particulier en plus du ticket d'entrée (visite guidée de l'exposition, passage dans les coulisses, drink avec les artistes,...).
- Pour les dons importants, proposez des privilèges qui donneront le sentiment aux contributeurs qu'ils bénéficient d'un traitement VIP (exemplaire dédicacé du livre, édition numérotée, tiré à part d'une affiche numérotée, photo du donateur par l'artiste,...).

- Selon le secteur d'activité, pensez aux collectionneurs (tiré à part d'une planche de BD que l'on pourra encadrer...) ; le numérique permet des contreparties réalistes : un « making of » sous forme de CD coûtera moins cher que la réalisation d'un album papier sur le même sujet et offrira plus de possibilités techniques.
- Un peu d'humour n'est pas exclu mais uniquement si cela colle à votre démarche : un magazine bordelais, Gonzaï Magazine N4, a réussi sa collecte sur Ulule alors que les contreparties assuraient « le succès en amour » !
- Soyez optimiste : les vrais mécènes existent, prêts à lâcher 5.000 euros pour soutenir un artiste.

Quelles chances de réussite ?

Les plateformes communiquent volontiers le nombre de projets financés, mais peu le pourcentage de projets retenus à l'étape précédente. Pour ne pas informer la concurrence, mais surtout pour une raison juridique.

En effet, après une campagne se pose toujours la question de la responsabilité de bonne fin : qui est le garant du bon usage des sommes récoltées et de l'octroi des contreparties ?

En France, l'agrément d'intermédiaire en financement participatif, en vigueur au 1er octobre 2014, décharge les plateformes de cette responsabilité. Mais impose en contrepartie un rôle d'information très précis.

A titre de comparaison (très schématique), tout supermarché qui met un parking à la disposition de sa clientèle décline toute responsabilité en cas d'accident. Pareil raisonnement de la part des plateformes... sauf que ce sont elles, malgré tout, qui délivrent le permis de conduire et effectuent le contrôle technique. Plus les plateformes expliqueront le sérieux de leur présélection et leur travail d'accompagnement, plus elles mettront en avant leur responsabilité. Raison pour laquelle les critères de sélection annoncés sur le web tiennent parfois du flou artistique...

Nuances, malgré tout. Pour vivre, les plateformes doivent certes assurer un certain volume de projets, mais dans la mesure où, à de rares exceptions près, elles ne prélèvent leur pourcentage qu'en cas de succès, elles ont tout intérêt à choisir les projets les plus porteurs.

Toujours est-il que la plus grande plateforme mondiale, Kickstarter, refuse les dossiers touchant à la santé. Au pays des actions collectives (*class actions*) et des procès en responsabilité qui peuvent ruiner une entreprise en dommages et intérêts, on n'est jamais trop prudent.

Une plus grande responsabilisation des plateformes se révélera peut-être nécessaire à terme, sans doute au niveau européen, pour éviter les abus et garder au crowdfunding toute sa crédibilité. Mais sous quelle forme ? On imagine mal un contrôle systématique de la réalisation d'un projet alors que la plateforme n'a gagné qu'une somme modeste (5% de 3.000 euros = 150 euros). Alors, faudra-t-il un jour financer un organe de régulation qui, au moins, pourrait traiter les plaintes de donateurs déçus ? Et des dispositions européennes rendant obligatoires la sécurisation des paiements et la gestion des flux financiers ?

Vu de Londres

Grégory Vincent, fondateur de Sponsume (Londres-Europe), plateforme généraliste opérationnelle depuis 2010.

Comment en êtes-vous venu à créer Sponsume ?

Je travaillais à la City et j'étais un peu lassé. Je cherchais quelque chose qui ait un impact social. Je connaissais bien le système de la micro-finance : une multitude de personnes qui donnent de petites sommes et deviennent partie prenante. Or, les systèmes de financement classiques sont peu efficaces, surtout dans le domaine créatif.

Votre fonctionnement ?

Au départ, nous étions focalisés sur le marché britannique. Aujourd'hui, nous sommes une plateforme multilingue et multidevises alors que beaucoup de plateformes restent nationales. Nous laissons au porteur de projet le choix entre le « tout ou rien » et le « keep it all ».

Le « tout ou rien » oblige les porteurs de projets à définir le minimum absolu de ce qui est nécessaire. On a la possibilité de fixer un minimum et au-delà un objectif maximum. Nos projets opèrent avec des publics assez actifs. Dans le domaine des films d'horreur indépendants, par exemple, il y a des fans qui suivent un réalisateur. Nous prélevons 5% sur les fonds récoltés. Le marché britannique est extrêmement concurrentiel. Un jour, KissKissBankBank ou Ulule vont être obligés de baisser leurs frais suite à la concurrence américaine.

Les recettes des projets à succès selon vous ?

Les idées originales sont celles qui fonctionnent le mieux. Il est essentiel de savoir se présenter et de donner une dimension personnelle. Il est important aussi de rassembler un cœur de supporters avant la campagne pour amener les 20 à 30% de l'objectif. Pour les projets d'artistes, si les récompenses ne suivent pas, ils se tirent une balle dans le pied. C'est la puissance de la réputation…

L'avenir du crowdfunding ?

Le crowdfunding en dons avec récompense a financé énormément de projets, même si ce sont des sommes sans rapport avec le monde de l'entreprise. Il y a une montée en puissance du crowdfunding en actions, entre autres pour le financement des start-up. Il y a une certaine volonté de libéralisation de la part des pouvoirs publics. Mais un tiers des start-up se casse la figure après trois ans. Le problème de la responsabilité des plateformes se posera en cas de faillite. En ce qui concerne le crowdfunding financier, certains épargnants poursuivront les plateformes quand des start-up auront fait faillite.

De toute façon, le crowdfunding n'en est qu'à ses débuts. D'autres formes vont apparaître. La législation se fait toujours sur des bases nationales. On produit des règles et des règles. En Europe, il y a une concurrence entre les différentes instances de régulation. Les règles sont plus claires et plus intelligentes aux Etats-Unis. En Grande-Bretagne, c'est assez flexible.

Les plateformes qui vont survivre ?

La clé, c'est le volume, l'avantage des plateformes américaines, car les marges sont faibles. Mais dans le domaine de l'internet, ce ne sont pas forcément les plus gros qui réussissent.

Et l'Europe ?

Le marché unique européen n'existe pas vraiment. Ce sont encore des opérateurs locaux. Les créateurs s'identifient souvent à une plateforme nationale. Mais sur Sponsume, un tiers des donateurs ne résident pas en Grande-Bretagne, même si les projets britanniques sont souvent londoniens.

Le marché européen va-t-il évoluer comme celui des États-Unis ?

Aux États-Unis, pas mal de grandes entreprises ont compris que le crowdfunding était outil de marketing dans leur arsenal. D'abord, elles engrangent des fonds. Puis, dans un deuxième temps, elles communiquent là-dessus. Se faire connaître aide parfois plus que les fonds récoltés.

Le bénéfice peut apparaître des mois après la campagne : des portes s'ouvrent. Aux États-Unis aussi, de grandes sociétés de production de films « déguiseraient » leurs projets sous une forme plus modeste. Une façon de se faire de la pub à moindre coût. En Europe, il y aura une concentration des acteurs : il y a trop de plateformes. Le marché américain est plus homogène car la culture est très branchée sur l'innovation et comme c'est un grand marché, la campagne démarre vite.

En guise de conclusion à ce chapitre, posons la question : passer par une plateforme est-il toujours nécessaire ? Si vous avez déjà des centaines d'amis sur Facebook, si toute une équipe s'y met, ce qui démultiplie les contacts, il faut se demander si la présence sur une plateforme est vraiment indispensable. Un site web dédié peut permettre d'affiner les messages, de donner plus de détails sur l'esprit du projet, la biographie des membres de l'équipe, de diffuser plus de vidéos... Même si la réalisation d'un site web a un coût, l'on économisera tout de même le pourcentage prélevé par une plateforme.

Pour que la technique de « faire cavalier seul » soit un succès, il faudra impérativement faire connaître l'opération par voie de presse pour attirer du trafic sur le site dès le début de la campagne. C'est tout à fait faisable si vous bénéficiez déjà d'une certaine notoriété, de contacts dans la presse, si vous avez l'occasion de présenter votre projet dans une émission de télévision de grande écoute, afin de générer du trafic sur votre site – qui devra inclure un système de paiement.

Un média numérique aux Pays-Bas, « De Correspondent », a récolté en quelques jours plus de 1 million d'euros simplement en annonçant le projet dans une émission télévisée de grande écoute : 15.000 personnes se sont faites membres de la plateforme d'information, qui avait besoin de ce capital (en fait, des pré-abonnements) pour démarrer en toute indépendance. Le site internet était, lui, très complet : explication du projet, charte de la rédaction, engagement des actionnaires à réinvestir une partie des bénéfices dans des projets rédactionnels, vidéos de présentation des journalistes qui détaillaient leurs futurs reportages... Ce succès n'est néanmoins pas transposable : on lit davantage les quotidiens dans le Nord de l'Europe. Et les Pays-Bas ont une tradition protestante : il y a une vraie culture de l'analyse de texte et donc, du débat. Le concept rédactionnel du « Correspondent » a déjà évolué : après les grands articles « fouillés » des premières semaines, le contenu privilégie maintenant des réflexions sur des thèmes de société, ce qui prend moins de temps aux journalistes...

Quelques plateformes généralistes

Pour rappel: Kickstarter, Indiegogo, Ulule, KissKissBankBank, Crofun ont été présentées dans un chapitre précédent.

Babeldoor

Plateforme française qui ratisse large : artistes, créatifs, entrepreneurs, aventuriers, humanistes,... Beaucoup de projets sociaux, qu'il s'agisse de développement personnel, de spectacles de clowns dans les hôpitaux ou de missions humanitaires dans les pays en voie de développement. Toujours un maximum de projets inventifs et originaux. Principe du « tout ou rien » (6% sur les sommes récoltées pour les projets financés) et du don avec contreparties. Paiement par carte bancaire via Payzen. Le site met en avant la possibilité de convention de mécénat ou parrainage pour les entreprises, avec un retour en visibilité.

Kapipal

Plateforme européenne orientée vers les projets internationaux (multilangues, multidevises). Propriété du groupe Grow VC, actif dans les investissements, l'économie collaborative, l'univers digital et le soutien aux start-up. Née en 2009, présentée majoritairement en anglais, elle définit ses objectifs dans le « manifeste du kapipalist ». Slogan : « Les amis sont votre capital ». Projets personnels, bienfaisance, réalisation d'un album ou d'une production théâtrale, écriture d'un livre... On y trouve de tout sous forme de don avec récompenses. Vous pourrez tenter d'y financer votre mariage, le voyage de noces ou un orphelinat en Inde. Paiement par cartes de crédit jusqu'à 1 million de dollars. La campagne peut durer un an et l'argent reste acquis même si l'objectif n'est pas atteint.

Inkubato.com

Plateforme généraliste, orientée vers les activités créatives, d'origine allemande, mais présentant certaines parties en anglais et espagnol. Paiement des dons via un compte PayPal (qui peut être alimenté par un virement bancaire, une carte de crédit,...). Les FAQ ont à peu près tout prévu. Si les porteurs de projet, une fois les fonds reçus, ne réalisent pas tout ou partie de leurs promesses, ils doivent alerter la plateforme et retourner l'argent afin que les contributeurs soient remboursés. C'est la seule plateforme consultée qui engage ainsi sa responsabilité...

Crowd'in

Plateforme régionale récente située en Wallonie (Liège) et soutenue par les pouvoirs publics. Large éventail de solutions (dons, prévente, pré-achat, capital, prêt,...). En démarrage, donc peu de projets présentés.

Fundit.ie

Plateforme généraliste dans le domaine artistique et créatif, malheureusement réservée aux projets irlandais. C'est néanmoins un *business model* intéressant adapté à l'économie de la culture dans le monde anglo-saxon : soutien par financement participatif autant que par des structures privées, du mécénat, etc.

Pushcreativity.org

Plateforme en démarrage du groupe de services aux artistes et créatifs SmartBe. Peu de projets, pas de conditions générales ni de FAQ dignes de ce nom et obligation de passer par les services du groupe dès le départ. Le coût des services de la plateforme et de Smart n'est pas indiqué. Allez, un petit effort...

Chapitre 3

Les sites spécialisés

Une des tendances de fond du crowdfunding réside dans la création de plateformes spécialisées dans certains domaines culturels, activités artistiques, etc., qui garantissent la présentation des projets à un public *a priori* intéressé. Le projet en recherche de fonds n'y est pas noyé parmi vingt rubriques.

Mais il y a à boire et à manger dans ces formules. Certaines « niches » sont tellement étroites que le trafic et même le nombre de projets sont très limités.

Autre tendance, parallèle à la création de niches sectorielles : le crowdfunding de proximité. Au niveau du pays, de la région, de la ville,... Qu'il s'agisse de culture, de patrimoine, de soutien à l'économie locale. En Grande-Bretagne, les initiatives de ce type se multiplient. La France n'est pas en reste : il se crée pratiquement une plateforme régionale tous les mois !

Dans ce survol, non exhaustif, nous avons trouvé des plateformes qui ont disparu en l'espace de six mois, d'autres sous forme de blog uniquement et ne présentant aucun projet. Laissons à ces dernières le bénéfice du doute et une chance de surgir dans ce paysage bousculé... en ne les citant pas.

Précaution : comme tous les sites présentés dans cet ouvrage, les principales informations sont tirées des plateformes elles-mêmes ou des interviews de leurs responsables. Elles sont recoupées autant que possible. Mais nous déclinons toute responsabilité en cas de données inexactes qui nous auraient été communiquées, volontairement ou non. Les stratégies, procédures et conditions générales ont été recueillies entre la fin août et la mi-septembre 2014. Elles sont évidemment susceptibles de modifications.

Musique

MyMajorCompany

Plateforme de financement participatif dans le domaine musical qui est aussi devenu un label et produit à son propre compte des artistes qui ont généralement percé avec un premier album grâce au crowdfunding. Un des exemples les plus récents : Irma. Née au Cameroun, cette auteure-compositeur-interprète débarque en France à l'adolescence. Elle poste rapidement des vidéos sur YouTube, est repérée par MyMajor Company et bat un record en récoltant 70.000 euros en 48 heures pour le financement de son premier album (Letter to The Lord, qui deviendra disque de platine). Au printemps 2014, elle a sorti son nouvel album, Faces, sans crowdfunding, mais sous le label My Major Company, pour lequel elle est allée chercher l'inspiration à New York. Difficile de définir son genre musical : quelques influences africaines, de la soul, des résonances américaines et le goût de la simplicité (guitare-voix ou piano-voix).

Oocto

Plateforme participative d'amorçage de projets musicaux. Très peu d'explications...

MyShowProduction

Production participative de concerts et festivals. Les « e-producteurs » touchent une partie des bénéfices en proportion de leur investissement. Ils ont l'occasion aussi de rencontrer les artistes, d'assister à des concerts,...

Koalitick

Billetterie participative : le contributeur réserve sa place pour un concert... qui aura lieu si l'objectif financier est rempli. En cas d'échec, les (ex) futurs spectateurs ne sont pas débités.

MySocialEvent

Billetterie participative qui permet de créer ses propres événements musicaux. Si l'objectif financier est atteint, l'événement a lieu. En cas d'échec, les internautes ne sont pas débités.

Monprojetmusique

Quoique répertorié dans certaines listes de plateformes, ce site ne fait pas de crowdfunding, mais fournit une aide à la production de projets musicaux grâce au soutien de sociétés de droits d'auteur.

Edition

« Les éditeurs publient le plus de titres possible pour occuper le terrain, analyse Cécile Palusinski, consultante chez Numered Conseil et membre du conseil d'experts du think tank Altaïr (groupe de réflexion français, indépendant, consacré à la culture et aux médias). Les auteurs ne sont plus accompagnés. Cette crise encourage le retour aux fondamentaux. Mais le crowdfunding en édition n'est que la forme moderne de la souscription. On constate que les projets qui fonctionnent bien possèdent un attrait visuel : la BD, les beaux livres et le nouveau créneau des *mooks* (contraction des mots « magazine » et « books »). En France, on a également vu des campagnes pour sauver des librairies, souvent avec succès. »

Bibliocratie

Plateforme d'édition par souscription publique : tous genres, tous styles acceptés. Aucun prélèvement, que l'objectif soit atteint ou non. En cas d'échec, le contributeur est remboursé. L'auteur choisit le prix, le nombre d'exemplaires, le budget minimum à atteindre et la durée de la collecte durant laquelle, d'ailleurs, il sera accompagné. Mais un livre, ça ne se fabrique pas par un coup de baguette magique. Bibliocratie demande donc 0,85 euro la page et 85 euros pour la couverture. Ces montants seront intégrés au prix du livre. L'auteur conserve les droits et touche 90% des bénéfices. Reste une inconnue : la distribution. A moins d'un buzz et d'un succès fulgurant, l'écrivain ne peut compter que sur lui-même.

Bookly

S'adresse plutôt aux internautes qui ont une âme d'éditeur. Le site est adossé aux éditions Prisma (*Femme actuelle, Capital, Management,...*) qui assurent la distribution en France. Bookly met en ligne des extraits des textes (aucune sélection, tous genres acceptés, mais le manuscrit doit avoir une longueur minimale). Le vrai tri est réalisé par les internautes prêts à financer l'édition. Les auteurs ne peuvent avoir déjà été édités. Les bénéfices se répartissent entre l'auteur, Bookly, ses partenaires et les internautes supporters. Première étape : rassembler 3.500 euros pour une édition numérique (format epub) et la diffusion sur les grandes plateformes de vente (Amazon, Fnac,...). En cas de succès, deuxième campagne, objectif de 10.000 euros pour une édition imprimée et diffusée en librairie grâce à Prisma.

Editions Méhari

Méhari sélectionne les manuscrits et met en ligne certains textes. Les internautes investissent au minimum 10 euros et reçoivent un exemplaire en bonus ou davantage en fonction de leur contribution. La version papier est diffusée en France, Belgique et Suisse. Les « Méharistes » touchent aussi 80% des revenus générés par les ventes en librairie et en numérique et 25% pour les ventes lors d'événements (salons, foires du livre,...).

Pubslush

Plateforme anglo-saxonne dont le but n'est pas l'édition, mais du crowdfunding en faveur de « l'industrie du livre ». Objectif : permettre aux auteurs de percer en donnant aux maisons d'édition des budgets pour imposer la marque (*branding*) et pour mener des actions de marketing. Fonctionnement très opaque...

Numalire

Expérience de réédition par souscription de livres rares, difficiles à trouver en bibliothèque et très chers en seconde main. Format numérique et/ou pdf. Projet en suspens afin d'en tirer un bilan.

Sandawe

Sandawe ou le crowdfunding pur et dur. C'est la petite success story qui se développe depuis 2010 alors que la vie des plateformes de crowdfunding culturel au pays de la BD (la Belgique) y est chaotique... et souvent de courte durée. Créée en 2010, avec 30.000 euros, Sandawe (à prononcer comme Zimbabwe), est une maison d'édition de bande dessinée « à compte de lecteurs » qui a rassemblé une communauté de quelque 11.000 passionnés et fins connaisseurs pour publier jusqu'à présent une vingtaine d'albums. Le néophyte se perd parfois un chouïa parmi les genres et les auteurs.

C'est au moment où le chanteur Grégoire perce grâce à MyMajor-Company que Patrick Pinchart, manifestement tombé dans la marmite de la BD quand il était petit, une trentaine d'années d'expérience dans ce monde de phylactères, notamment à différents postes chez Dupuis, songe à appliquer le modèle à l'édition de BD. En pratique, les auteurs proposent leur projet à Sandawe (pitch, script, planches,...) et, s'ils sont retenus, les voici mis en ligne. Les « édinautes », qui bénéficieront d'une partie des bénéfices si l'album est édité, peuvent financer le projet à partir de 10 euros. Défi, car la publication d'un album s'inscrit dans une fourchette de 30 à 50.000 euros.

Réponse à la crise de la bande dessinée ? Le rapport Ratier, qui fait autorité dans l'analyse du marché de la BD, constatait encore une minime progression des ventes jusqu'à septembre 2012. Si le marché régresse aujourd'hui, ce n'est pas principalement dû à la « surproduction » de titres qu'on évoque généralement. En France, les super et hypermarchés, énormes diffuseurs d'albums, se voient délaissés par les consommateurs au profit des commerces plus proches, comme les supérettes de centre ville. Les hypermarchés ont donc réduit le rayon BD pour ne garder que les valeurs sûres, du genre Tintin ou Astérix. Du coup, les albums moins vendeurs (entre 50.000 et 100.000 exemplaires, quand même) sont refoulés vers les librairies, où ils écrasent les auteurs en devenir.

Mis à part le modèle de financement, Sandawe fonctionne comme une maison d'édition traditionnelle, où les auteurs touchent 10% de droits – le solde se partageant entre l'éditeur, le diffuseur, le distributeur, le libraire et les édinautes. « La différence, c'est l'animation d'une communauté, souligne Patrick Pinchart, et le contact entre le lecteur et l'auteur. Nous sommes aussi les seuls dans le domaine à rémunérer les édinautes ».

Ces derniers peuvent dialoguer avec l'auteur ou faire part de leurs commentaires – « pas toujours gentils ». Le site joue à fond la carte de l'interactivité, en multipliant sa présence sur les réseaux sociaux – Facebook, Twitter, Pinterest,... – et propose de l'actu, des concours (pour trouver le slogan de lancement d'un album, par exemple) et la possibilité de télécharger gratuitement des ouvrages en bonus, etc. « Les autres sites de pur crowdfunding ne font que collecter l'argent, sans investissement en temps ou en compétences », résume Patrick Pinchart.

Le mécanisme implique étroitement les auteurs qui doivent alimenter leur public de manière inédite et originale pendant la durée de la collecte, qui dure des mois, compte tenu des montants à rassembler « contrairement à KissKissBankBank où les sommes recherchées sont faibles et les délais, courts »... Les passionnés de BD sont parfois des collectionneurs à la recherche de tirés à part de planches, voire des originaux.

A la parution de l'ouvrage, les édinautes se voient confier des tâches comme partager la bonne nouvelle sur les réseaux sociaux, mais pas que cela. Ils en parlent autour d'eux et distribuent des flyers dans un salon de la BD pour augmenter la visibilité de l'album. Car la carrière d'une BD en librairie est de plus en plus courte : quelques semaines... ou quelques jours. « Par rapport à un éditeur classique, nous sommes un plus pour un jeune auteur. »

Pour les plus mûrs aussi, un peu rebelles à l'évolution des grandes maisons. Ont ainsi rejoint l'écurie: Raoul Cauvin, l'un des plus grands auteurs tout public (Les Tuniques bleues, Cédric, Pierre Tombal, les Psy,...) ou Tome (Le Petit Spirou) et encore Zidrou (L'élève Ducobu). Sandawe a édité par exemple « Le bâtard des étoiles » de Cauvin et « Maître Corbaque » pour Zidrou.

Vendent-ils davantage ou moins qu'auparavant chez Sandawe ? « Les chiffres sont un tabou dans l'édition. Ceux qui sont diffusés sont rarement fiables, ils sont gonflés, par exemple en indiquant le tirage et non les ventes ou les mises en place. Mais Cauvin est surnommé, depuis des années, « L'homme aux cinquante millions d'albums », chiffre certainement dépassé depuis. Ses séries comme « Les Tuniques bleues » ou « Cédric » se vendent à plus de 100.000 exemplaires, de même que Tome, scénariste du « Petit Spirou » (250.000 exemplaires annoncés), best-seller de Dupuis, juste derrière Largo Winch. »

Les auteurs les plus connus de Sandawe ne sont donc pas arrivés là pour vendre plus. « Une série met des années avant de s'installer et, au départ, les chiffres sont généralement bas. C'est le boulot de l'éditeur de résister à la pression des commerciaux lorsque la rentabilité n'est pas encore atteinte et de maintenir la série en espérant qu'elle va croître. Ce qui est de plus en plus difficile car ce sont désormais les commerciaux qui dirigent les maisons d'édition classiques et les éditeurs n'ont plus grand-chose à dire. »

Quel a été le déclic pour ces aînés de la BD ? « Ils ont rejoint Sandawe, soit parce que leur série n'intéressait pas leur éditeur "historique" (pour Cauvin), soit par esprit de contestation (pour Tome) contre le rapport de force "pot de fer/pot de terre" qui s'est désormais installé entre l'éditeur et l'auteur, qui se sent de moins en moins respecté. Il n'y a plus, depuis des décennies, ce paternalisme qui empêchait un auteur de quitter "son" éditeur. »

Sandawe accueille aussi des projets libres, que la maison ne compte pas éditer, mais qui se financent grâce au site, moyennant une commission de 10% pour Sandawe. Elle vient d'élargir cette catégorie à de nouveaux genres liés à la bande dessinée : sérigraphies, médias, essais, fresques murales, recueil de photographies d'auteurs de BD, etc.

Prochaine étape : le développement des modes de commercialisation comme la création d'une boutique en ligne et les cartes prépayées (iTunes,...). « Nous allons avoir cinq ans. C'est une durée de vie exceptionnelle sur le web. Il faut bouger tout le temps, être créatif. »

L'avenir du crowdfunding ? « C'est un sujet à la mode... Un moyen qui donne aux créateurs l'opportunité de reprendre leur sort en mains dans un environnement qui s'est considérablement dégradé en quelques années. Les auteurs sont obligés de signer des cessions de droits de propriété intellectuelle pour leur vie entière plus deux ou trois générations contre des avances financières de plus en plus misérables. Par le crowdfunding, ils peuvent, grâce à leurs lecteurs, conserver leurs droits et faire vivre leurs projets. Il reste à organiser leur diffusion et leur commercialisation en-dehors des circuits actuels, mais des solutions se préparent. »

Patrick Pinchart voit la situation actuelle du crowdfunding comme « une période transitoire », qui verra apparaître de nouvelles formes de financement participatif comme la collaboration avec les pouvoirs publics (dans son domaine, pour le financement de fresques BD dans les rues). « On verra aussi apparaître des spécialistes du crowdfunding qui offriront leurs conseils pour mener une campagne. » Quand l'objectif, bien sûr, dépassera largement 3.000 ou 4.000 euros.

Sandawe vient de doubler ses effectifs : l'équipe compte désormais... quatre personnes. Un petit miracle qui en rappelle un autre, tout au début. Sandawe a été lancée le 10 janvier 2010. Epuisé par trois mois de préparation et une semaine de promotion, le 18 janvier, Patrick Pinchart va grimper un mur d'escalade, parvient au sommet (18 mètres) et saute de joie... sans se rendre compte qu'il était mal arrimé. Chute. Cassé, l'aorte en train de se déchirer sous le choc, il fait un infarctus. Un médecin escaladeur le sauve par un massage cardiaque. Patrick Pinchart a donc créé Sandawe depuis un lit d'hôpital jusqu'aux fêtes de Noël...

L'idéalisme est-il compatible avec le web ?

Vincent Ricordeau, cofondateur de KissKissBankBank, plateforme généraliste France-Bénélux

Comment est née votre plateforme ?

Au moment de la création, en 2007, notre volonté était de trouver un outil afin d'encourager la créativité culturelle. Nous trouvions que les produits culturels se limitaient au courant dominant. Après le lancement, en septembre 2009, l'activité s'est développée par nos réseaux : le premier domaine était la musique, puis les autres ont suivi.

C'est notre différence avec Ulule : nous avons ouvert le bal avec notre philosophie propre. Nous sommes venus au crowdfunding par goût des milieux artistiques. Aujourd'hui, les outils sont très proches. Ulule présente un peu plus de projets humanitaires.

Qu'a déjà apporté le crowdfunding ?

Beaucoup d'amateurs n'allaient pas au bout de leur créativité. Grâce au crowdfunding, ils le peuvent. C'est la naissance d'une confiance en soi et cela crée un climat d'optimisme qui fait du bien par ces temps moroses. Le crowdfunding a ouvert les chakras de la créativité chez l'individu. Je suis convaincu que le public, en reprenant le pouvoir sur ce qu'il consomme, en décidant dans ce en quoi il veut investir, aura un effet sur la politique. Je suis très content qu'on me prenne pour un idéaliste. Au lancement, on nous prenait pour des dingues.

Et pour la suite ?

Nous avons récemment créé Hello Merci, une plateforme de prêts solidaires sans intérêt entre particuliers - pour un montant de 10.000 euros maximum. Et en 2015 au plus tard, nous lancerons une plateforme de financement pour PME, sous forme de capital (« equity ») ou de prêt. Il s'agit pour tout citoyen de reprendre le contrôle de son épargne. KissKissBankBank restera la marque des projets culturels. Nous avons voulu séparer les trois univers.

Le boulanger qui a besoin d'un nouveau four à pain passera par Hello Merci. Bien sûr, la question du risque est réelle. C'est comme quand vous filez 100 euros à un copain. Mais c'est vraiment plus facile d'expliquer à votre banquier que vous n'êtes pas en mesure de rembourser plutôt qu'à la communauté qui vous soutient. Le voisin du deuxième étage qui vous a aidé fera pression sur vous tous les jours. S'il y a des difficultés, mais c'est très rare, on recherche des aménagements, comme allonger la durée du remboursement.

Vous ne niez pas la question du risque...

Etre mécène ou investisseur particulier, c'est prendre un risque. Cela fait partie du jeu. Pour notre survie, nous devons déceler les projets peu crédibles. Sur KissKissBankBank, notre taux de réussite augmente chaque année. Nous en sommes à 60%. Sur Hello Merci actuellement, nous sélectionnons un dossier sur dix. Sur KissKissBankBank, un sur trois. Mais les milieux bobos à Paris ou à Bruxelles sont de plus en plus sollicités. La sélection des projets va être de plus en plus sévère. Je parle bien de la qualité du projet, pas de sa valeur artistique.

Comme intermédiaire en financement participatif (IFP), nous avons un devoir d'information, pas de conseil. En France, il fallait faire sauter le monopole bancaire (faire crédit à une entreprise était un monopole bancaire jusqu'il y a peu, NDLR). Ca a pris un an pour arriver à une ordonnance d'une page et demi.

Comment voyez-vous l'avenir du crowdfunding ?

Le magazine économique *Forbes* estime qu'à l'horizon 2020, les montants récoltés par crowdfunding dépasseront mille milliards de dollars. Le marché européen, c'est encore un multi-marché local car les législations sont très différentes d'un pays à l'autre.

France-Belgique, c'est le premier marché visible. En Europe, il faut harmoniser les législations comme on l'a fait en France, puis laisser les entrepreneurs faire leur job. L'intelligence collective non encadrée marche plein pot. L'échec est tellement faible qu'il n'y a pas besoin de trop de régulation.

En ce qui concerne notre groupe, nous avons des ambitions mondiales. Sur le web, on peut théoriquement centraliser le marketing... sauf pour le crowdfunding. Là, il faut des antennes locales. Pour conquérir l'Europe, il nous faut entre 10 et 20 millions d'euros. On se sent de taille à les trouver, en sachant très bien que l'on perdrait la majorité.

Que pensez-vous de la tendance, très marquée en France, d'opérations de crowdfunding en partenariat avec les pouvoirs publics, comme les Régions ?

On ne peut pas parler d'une dynamisation de la société civile tout en refusant le dialogue. Ceci dit, nous sommes hyper-méfiants. Il y a bien sûr une certaine logique à soutenir des projets de musées. Lille veut dynamiser sa région sur le thème de la troisième révolution industrielle. Là, il y a un terreau fertile.

Cinéma et spectacle vivant

Touscoprod

« La » plateforme de financement participatif dans le domaine audiovisuel : courts ou longs métrages, documentaires, webdocs, jeux,... Bref, tout ce qui passe par un écran. Catalogue assez impressionnant. Dons avec contreparties non financières. Système du « tout ou rien ». Taux de réussite annoncé : 68% pour un budget moyen de 8.000 euros. Ce qui offre un « petit plus », mais ne financera pas votre nouvelle version d'Indiana Jones.

Arts-Valley

« Réseau de professionnels et de passionnés des métiers du théâtre et du cinéma, qui se fédèrent pour aider les artistes à produire et à réaliser leurs projets. » La plateforme met en avant son accompagnement. Le projet passe par le « laboratoire » (comment commencer ?). Intervient ensuite un comité de pilotage - autres artistes et internautes volontaires (principe du parrainage par les pairs). On en arrive alors à la « fabrique » (mise en ligne accompagnée). En cas d'échec, retour au comité de pilotage pour mettre au point une nouvelle stratégie. Si la campagne aboutit, démarrage de la production. Association loi 1901 (sans but lucratif).

Médias

En Europe, la plupart des campagnes de crowdfunding se déroulent sur les sites généralistes comme Ulule ou KissKissBankBank. Deux exceptions : le site français YouScribe, qui permet à chacun de publier en ligne, a été financé en capital par le site d'investissement belge MyMicroInvest. Un média numérique flamand, NewsMonkey, a levé plus de 300.000 euros sur la même plateforme. Un record par rapport au public concerné (moins de 7 millions de Belges néerlandophones).

Aux États-Unis, la *success story* est celle d'une jeune journaliste qui, en 2009, a lancé une campagne sur spot.us pour financer un reportage sur l'île de déchets qui s'est formée dans l'océan Pacifique. Elle était une parfaite inconnue, tenant un modeste blog, avec peu de contacts sur Facebook et une centaine de « followers » seulement sur Twitter.

C'est le patron de spot.us qui a relayé la campagne via ses propres contacts… au point que de grands médias papier ont eux-mêmes parlé de cette campagne et que les reportages ont été publiés par des titres majeurs.

jaimelinfo.fr

Regroupement de divers sites d'information souhaitant s'appuyer sur leurs lecteurs pour financer des projets. L'internaute peut faire un don général ou soutenir un projet particulier – examinés par un comité d'évaluation comprenant un journaliste du *Figaro* et un de ses confrères de *Libération* (!). En outre, possibilité de dons mensuels à un ou plusieurs sites. Les sites bénéficiaires doivent respecter certains critères. Les dons doivent être utilisés pour des recherches, entretiens, enquêtes, vérifications,… et les sites s'engagent à utiliser les fonds au moins une fois par trimestre. Quand l'objectif n'est pas atteint, la date limite peut être reportée, le projet réalisé avec un budget moindre ou les sommes récoltées reversées au fonctionnement général ou reportées sur un autre projet. Commission de 10% pour le site. Aucune contrepartie pour les internautes. Transactions par carte bancaire.

Ulule, en toute simplicité

Mathieu Maire du Poset, directeur de la communication

Sur quelles bases Ulule a-t-elle été créée ?

C'était à la fin de 2010. Nous étions des passionnés du web. Nous sommes directement partis sur le principe de contreparties non financières dans le secteur créatif, humanitaire et vers les entrepreneurs. Aujourd'hui, nous vivons encore sur nos fonds propres.

Quelles différences avec KissKissBankBank ?

La mécanique est à peu près la même. La différence tient plutôt à l'image. KissKissBankBank a une image « hype », branchouille et un côté matador. Nous avons une image beaucoup plus simple et plus forte. Un côté province…

Comment voyez-vous l'avenir d'Ulule ?

Il est européen. Nous avons déjà une personne à Barcelone. Nous avons la possibilité de lever des fonds, nous sommes très ouverts à ce sujet. Du côté du Bénélux, nous présentons déjà des projets francophones et nous allons développer les projets en néerlandais.

Et l'avenir du crowdfunding en général ?

Les sommes récoltées en financement participatif triplent tous les ans. La tendance est assez forte en France avec Ulule, KissKissBankBank et My-MajorCompany. Les projets d'entreprise en crowdfunding s'articuleront autour des financements traditionnels. De plus en plus de secteurs s'intéressent à ce mode de financement. Nous avons par exemple un accord avec l'Auvergne pour y soutenir des projets.

Vidéo, jeux, apps,...

Appsfunder

Site d'origine belge aidant les créateurs d'applications smartphones et de projets web à trouver du financement. Malgré de nombreux e-mails, les responsables n'ont jamais répondu à nos demandes d'informations.

Katchingle

Plateforme pour le monde anglo-saxon et germanique dédiée aux « apps » et au « content » selon le principe du paiement social américain. On se trouve davantage dans la monétisation, la distribution et le co-marketing que dans le crowdfunding. L'internaute verse 5 dollars chaque mois sur un compte et peut cliquer sur le bouton Katchingle en faveur des projets qui lui plaisent, comme un « like » sur Facebook. A la fin du mois, les 5 dollars sont répartis entre les sites cliqués.

Gambitious

A la limite du crowdfunding dans le domaine du jeu (vidéo,...), ce site joue... le grand jeu : mettre en contact les investisseurs et les entreprises innovantes. Services complémentaires : édition et distribution digitale. L'investisseur est rémunéré par une part des revenus des ventes.

PRODUIRE UN JEU, C'EST TOUT SAUF UN JEU

Olivier Griffet, co-fondateur d'Abrakam, société de jeux vidéo qui a levé 94.000$ sur Kickstarter

En 2010, nous avions mis au point la maquette d'un jeu de cartes vidéo dans un univers féérique, « Faeria ». Nous avons ensuite créé une petite société pour la fabrication et la commercialisation. Quatre ans plus tard, nous avons levé 94.000 dollars sur la plateforme américaine de Kickstarter. C'est toute une aventure, en fait. La question, c'est : « comment communiquer avec votre audience ? ». Nous avons commencé la campagne en amont en octobre 2013 : il fallait démontrer à de plus grands investisseurs que le jeu avait du potentiel. Il faut faire beaucoup de communication.

Nous avons d'abord été présents dans tous les grands salons de jeux vidéo aux États-Unis et en Allemagne. Nous avons donc dû trouver un partenaire qui nous a aidés à financer cette première campagne de communication. Il nous fallait aussi un site web bien fichu. Pour développer la version bêta, il fallait « backer » sur Kickstarter. Nous avons donc « niché » notre Kickstarter pour toucher les fans de jeux de cartes en vidéo. Beaucoup de boulot : une vidéo de six ou sept minutes pour montrer le produit et donner confiance dans les créateurs. Nous avons passé beaucoup de temps à définir les contreparties. Le don minimum donnait droit à la version bêta. Pour quelques euros de plus, une version améliorée, etc.

C'est surprenant, mais il y a des gens qui ont joué avec notre jeu dix heures par jour pendant des mois… Nous avons dû aussi affronter le problème de la langue et des aspects administratifs. Les États-Unis restent ce qu'il y a de mieux en terme de visibilité. Nous avons donc dû trouver un partenaire sur place. Nous avons limité la collecte à trente jours, car c'est la durée la plus efficace. Nous avons créé un bon buzz avec 2.600 « backers » (contributeurs), nous avons aussi donné des accès au jeu pour quelques jours et c'est là que nous avons commencé à suer…

Il y avait des commentaires à gérer, des retours du produit à réaliser… Le projet était hyper-ambitieux. Maintenant, nous pouvons réaliser une vraie levée de fonds avec des investisseurs professionnels. Sans Kickstarter, qui nous a donné de la visibilité, de la créativité car la plateforme a fonctionné avec des milliers de personnes, nous n'y serions pas arrivés. Aujourd'hui, la version du jeu est en mode démo. Mais si nous nous étions rémunérés correctement et pas au lance-pierre, ça nous aurait coûté… ce que ça nous a rapporté !

Divers

IamLaMode

Basé à Marseille. En français et en anglais. Financement de tout ce qui a trait à la mode : création de vêtements et bijoux, shooting photo, réalisation d'un « book » et même organisation de vide dressing. Le fonctionnement est bien décrit et les conditions générales très complètes. Le contributeur a un droit de rétractation. Bref, un bon exemple en ce qui concerne l'information des usagers. Objectif atteint ou pas, le site prélève 7%.

Une niche territoriale

Edouard Meier, KissKissBankBank Benelux

Comment s'est créée l'antenne belge de la plateforme ?

C'est un partenariat entre la maison mère française et Scintillo, petite entreprise culturelle créée en février 2012 (propriétaire par exemple du cinéma Galeries dans les Galeries Saint-Hubert, près de la Grand-Place de Bruxelles).

Historiquement, le crowdfunding en Belgique était très confidentiel. Les porteurs de projet lorgnaient vers la France et les Pays-Bas. C'est Scintillo qui a pris contact avec KissKissBankBank pour créer un partenariat sur le Benelux. D'un côté, la Belgique, un pays qui compte peu de plateformes, de l'autre, aux Pays-Bas, un secteur presque saturé.

Comment gérer le développement avec une équipe de deux personnes ?

Nous nous sommes développés par capillarité avec le marché français : spectacle vivant, audiovisuel (y compris cinéma),... Aujourd'hui, nous avons aussi des ambitions sur le marché néerlandophone et venons d'engager quelqu'un pour ce terrain-là.

Nous nous vendons sur le service. Une fois par an, à Bruxelles et à Paris, nous organisons « Europe Refresh » qui propose à des porteurs de projets de rencontrer leur public potentiel dans la vraie vie.

La Belgique, cela représente 4,6 millions de francophones...

Depuis le lancement en Belgique, nous avons réussi 241 projets pour 1 million d'euros (dont 700.000 sur les six derniers mois - chiffre à la mi-août 2014, NDLR). L'objectif moyen par projet est de 3.000 à 4.000 euros. Les projets les plus visibles sont culturels, mais il y a aussi de l'artisanat, du design, des espaces de coworking, du fooding, des nouvelles technologies,... Nous multiplions aussi les partenariats avec la presse, les entreprises, les pouvoirs publics.

Mettre en avant l'accompagnement, c'est un choix stratégique ?

Il faut encore éduquer le marché. En pratique, le porteur de projet remplit la fiche sur le site web, puis est pris en charge par un accompagnateur qui évalue la qualité des visuels, des textes, des contreparties et surtout si le calcul du budget est correct. En cas d'accord, le réseau de partenaires de la plateforme entre en jeu ; certains mentors appliquent leur logo sur le site, d'autres partagent sur les réseaux sociaux ; d'autres encore donnent des conseils ou organisent un événement.

Les spécificités du marché belge ?

Le gros problème en Belgique est la défiscalisation du don. Obtenir l'agrément afin de pouvoir émettre un reçu pour la défiscalisation représente un processus très lourd. Autre obstacle : pour bénéficier de la défiscalisation, l'organisme ne peut passer par un intermédiaire.

Entre intérêt et interrogations

Morgane Batoz-Herges, coordinatrice du Partenariat Interprofessionnel du Livre et de l'Edition numérique

Vous êtes une observatrice parfois sceptique à propos du crowdfunding culturel...

On présente parfois le crowdfunding comme une démarche anti-système, cela a pour effet de creuser le fossé entre les générations de professionnels et de donner la fausse impression que pour réussir on n'a pas besoin d'intégrer un écosystème. Dans le domaine culturel, on peut parfois reprocher au crowdfunding de favoriser une certaine précarité, en encourageant les petits budgets, le Do It Yourself, sans rémunération correcte des équipes.

Quelle est la place de l'art dans tout cela ?

Je ne sais toujours pas dire si le crowdfunding encourage plutôt le mainstream, en favorisant des projets dans l'air du temps, très léchés dans leur présentation, mais sans véritable valeur ajoutée ou si au contraire il permet à des projets de niche, très originaux et authentiques d'avoir une véritable visibilité et de trouver leur public.

Le monde culturel a toujours rêvé de dénicher le financement miracle : le mécénat, le tax-shelter et maintenant le crowdfunding !

Dans les milieux culturels, après une première campagne de crowdfunding, certains porteurs de projet déchantent car ils ont sous-estimé le temps, l'argent (coût des contreparties) et l'énergie à investir. Si la campagne a été bénéfique sur le plan de la visibilité du projet, la plupart se rendent compte qu'il ne peut s'agir que d'un financement complémentaire, qui plus est ponctuel et limité. Qui peut se targuer de mener à bien plus de deux ou trois campagnes de financement participatif par an ?

Convenablement menée, une campagne peut ajouter un « plus » à la communication ?

Le Centre National du Cinéma, à Paris, voit d'un très bon oeil ce genre de mécanique qui remplace en quelque sorte une étude de marché et peut garantir que le projet a déjà trouvé un public. Des plateformes de crowdfunding élargissent leurs services en devenant également éditeur/producteur, imprimeur, diffuseur, community manager, etc. L'intérêt, c'est de raccourcir la chaîne entre le projet et son public.

Chapitre 4

Petites et grandes causes

Lorsqu'un travailleur indépendant ou un auto-entrepreneur doit s'équiper ou remplacer un peu de son matériel, il s'agit souvent de trouver quelques centaines ou petits milliers d'euros. Des montants modestes que les banques ne financeront pas car elles se méfient des structures qui ne disposent même pas d'un si petit budget. Tout comme elles regardent d'un œil sceptique les projets solidaires, humanitaires, écologiques et autres. Voici quelques solutions « à vot' bon cœur, messieurs, dames »...

Indépendant, auto-entrepreneur ou mini-structure

Solution 1 : les plateformes généralistes

Les plateformes généralistes acceptent les projets « innovants » (au sens large) ou « solidaires », etc., qui recherchent un petit montant : de quelques centaines à quelques milliers d'euros. Il s'agit alors de dons sans contrepartie ou avec récompenses non financières.

Solution 2 : le prêt entre particuliers

Le prêt sans intérêt entre particuliers : vous affichez votre objectif financier, le projet, les étapes comme dans toute campagne et des particuliers y vont chacun de leur écot. La date du début du remboursement, le nombre de mensualités et le montant de chacune sont affichés sur la plateforme. Cette formule est aussi utilisée pour des projets sociaux, humanitaires, etc.

Solution 3 : le micro-crédit

Il est destiné à rechercher de très petits budgets (quelques centaines d'euros). Cette manière de collecter des fonds est utilisée en Europe et aux États-Unis (généralement dans des niches locales), mais remporte également un grand succès pour soutenir des projets dans les pays en voie de développement où 300 euros permettent d'acheter une moto pour entamer une activité professionnelle et 400 euros, la création d'un petit commerce qui fera vivre une famille entière. Lorsque le micro-crédit est remboursé, le donateur peut récupérer son don (ordre de grandeur : 20 euros) ou le prêter à un autre projet.

Signalons aussi une nouveauté qui associe mécénat d'entreprise et crowdfunding. Une entreprise (l'exemple le plus connu en France est Axa) sélectionne les projets sociaux qu'elle soutiendra et les internautes, par le truchement d'une plateforme de crowdfunding, peuvent en faire de même, à leur échelle.

En pratique, les bonnes causes sont légion. Voici donc quelques exemples de plateformes orientées vers l'intérêt public.

Développement régional et local

Les pouvoirs publics ont vite compris, surtout en France, l'intérêt de faire appel aux citoyens pour soutenir un projet régional ou local. Cela va du développement économique, culturel au social et au patrimoine (tendance en vogue pour la restauration de bâtiments historiques, d'œuvres d'art,...). Le plus souvent, les pouvoirs publics investissent un budget que les dons des internautes viennent compléter.

Bulb in Town

Site français aux ambitions européennes destiné au financement des projets locaux, qu'ils concernent l'associatif, les loisirs, le commerce,... Fonctionne sur base du don avec contreparties ou par prise de participation dans le capital.

Zentreprendre

Réseau communautaire d'entraide à la création d'entreprise. Service gratuit « de la création de votre compte à la levée de fonds ». Aucun suivi ou conseil par la plateforme, semble-t-il,... mais des projets qui sentent la spontanéité. « Brunch me up » pour vous apporter le petit déjeuner sous la couette. Ou une collecte pour éviter la fermeture d'une petite pension pour animaux domestiques. Et une auteure en devenir, dont le manuscrit a été accepté par une maison d'édition, à la recherche du budget pour les frais de correction qui, vu l'orthographe du message, s'imposent...

Butinizz

« Premier site (français) de financement participatif consacré aux territoires. » Collecte entre 15 et 120 jours (possibilité de fractionner la levée en étapes). Dons avec contreparties en nature. Exemples de projets : création d'un centre sportif à Guingamp, création d'« un café et compagnie » dans le Haut-Rhin, achat de matériel pour une école de foot, etc. Et aussi des salons de coiffure, des commerces, des bars... Si le montant (minimum 100 euros, maximum 45.000) n'est pas atteint, l'argent est reversé aux donateurs. Commission de 8% en cas de réussite.

Pocpoc.re

Exemple de financement participatif régional pour La Réunion. Soutien à une école, préservation de l'environnement, encouragement à un groupe de hip hop,...

Cityfarmer

Exemple américain de *civic crowdfunding*. Des *citizenvestors* se sont regroupés pour financer l'aménagement d'un parc à Philadelphie. Objectif de la collecte : permettre au département des Parcs et Lieux récréatifs d'effectuer des plantations.

Growfunding.be

Expérience intéressante de *city crowdfunding* dans la Région de Bruxelles-Capitale, initiée par des institutions flamandes – mais le site existe bien sûr en deux langues. On peut y financer un espace vert, un élevage de brebis en pleine ville, un projet de restaurant ou de bar qui animera un quartier... Le budget demandé se limite souvent à 6.000 euros, mais de nombreuses campagnes semblent avoir explosé le plafond. A part cela, le site est peu bavard à propos de son fonctionnement et des conditions générales...

Ecologie et finance responsable

Ecobole

Site de crowdfunding écologique affichant 40% de réussite. Financement en 90 jours maximum. Système du « tout ou rien », mais si le montant est dépassé, le porteur de projet empoche le surplus. Montants à rechercher entre 500 et 100.000 euros. Contribution à partir de 5 euros. Pas d'indication sur les frais demandés par le site.

Lumo

Dans ses intentions, Lumo se présente comme un soutien aux principaux secteurs de la finance responsable : l'environnement, l'emploi (insertion, revitalisation de territoires en difficulté,...), le social, la formation, la culture, l'écoconstruction, la solidarité internationale (microfinance, commerce équitable,...). En pratique, l'activité se limite actuellement à la transition énergétique via le financement des énergies renouvelables. Les citoyens financent via Lumo un projet d'énergie renouvelable (à partir de 25 euros).

C'est un financement à long terme, rémunéré à hauteur de 3 à 5% par an pendant douze à dix-huit ans. Une fois construit, le projet en partie financé par les citoyens produit de l'électricité propre, revendue chaque mois au réseau EDF. Les revenus ainsi générés permettent le remboursement avec intérêts.

UnitedDonations

Originalité du site : mettre en relation des associations ayant besoin de financement récurrent et des donateurs prêts à soutenir des initiatives dans la durée. Bref, un système inspiré du don ponctuel ou mensuel à des ONG, sauf qu'ici, il se fait en ligne. Don mensuel minimum : 6,60 euros. Les porteurs de projet présentent celui-ci ainsi que la durée de l'action. Le donateur peut ainsi fixer le montant de son apport mensuel en toute connaissance de cause. Initiative plus originale qu'elle n'y paraît car les grandes ONG pratiquent peu le financement participatif, convaincues que les méthodes traditionnelles (démarchage en rue, appel médiatique en cas de catastrophe, etc.) coûtent moins cher.

GlobalGiving

Site de bienfaisance américain d'une structure née en 2002, fondée par deux anciens de la Banque Mondiale. On peut y financer de petits projets, humanitaires, sociaux, écologiques et bien d'autres, des organisations non gouvernementales ou des actions ponctuelles (lutte contre le virus Ebola, catatrophes naturelles,...). Si une cause parvient à rassembler un montant important en un mois, elle est reprise dans les projets permanents. Depuis sa création, GlobalGiving a récolté environ 150 millions de dollars grâce à 400.000 donateurs et soutenu plus de 10.000 projets.

Mailforgood

Ce site de soutien aux associations est en fait une pure start-up, ayant levé pas mal de fonds. Les associations peuvent s'y présenter, faire un suivi de leurs informations, etc. L'internaute effectue de mini-actions rémunérées (répondre à un sondage, télécharger un fichier, visionner une vidéo publicitaire,...) et 70% des revenus générés iront à l'association de son choix. En pratique, un « business model » pas simple à comprendre...

Micro-crédit en Europe et dans le monde

Xetic

Association à but non lucratif dont la mission est de contribuer à la réduction de la pauvreté, lutter contre l'exclusion sociale et faire progresser les hommes et les femmes sur la voie de l'autonomie et de la dignité.

Fonctionnement : prêt de petites sommes à de micro-entrepreneurs « à l'autre bout du monde » qui souhaitent développer une activité génératrice de revenus, mais qui n'ont pas accès au système bancaire classique. Les projets sont sélectionnés et encadrés par des équipes locales. Lorsque le projet est en passe d'être remboursé, le donateur peut soit récupérer son argent, soit le prêter à nouveau à un autre projet.

MicroWorld

Plateforme de micro-crédit du Groupe PlaNet Finance financé par Allard Involved et des investisseurs internationaux. Les prêteurs peuvent se rassembler sur le site au sein de « groupes » partageant un même centre d'intérêts afin de faire reculer la pauvreté et encourager le développement économique local. Entreprise « sociale », économiquement viable, dont 100% des financements récoltés vont aux micro-investisseurs.

Flattr

Site de « micro-dons » américain. Le contributeur verse une certaine somme chaque mois et, à la fin de celui-ci, le montant est réparti entre les sites qui ont été désignés.

Goteo.org

Site en espagnol, mais traduit en bonne partie en français. Pas seulement d'argent ici, mais un réseau social de financement collectif (dons) et de collaboration distribuée (services, infrastructures, micro-tâches, ressources). Objectif : soutenir des projets à caractère social, culturel, scientifique, éducatif, technologique ou écologique... qui permettent d'améliorer la société et d'enrichir les biens communs. CQFD : les projets doivent avoir des retombées collectives. Attention : pas de respect de la propriété intellectuelle. Chaque création de projet implique que celui-ci soit libre de droits. Pour les dons, deux campagnes de cofinancement de 40 jours chacune. Principe du « tout ou rien ».

De tout, pour tous

Arizuka

Site de crowdfunding en français et anglais dédié à l'intérêt général. Projets solidaires (qu'ils émanent d'entreprises, d'associations ou de particuliers), projets d'innovation sociale, de développement durable, promotion culturelle,... Rejetés : les projets partisans et prosélytes. Equipe d'accompagnement et de conseillers. Type de projets : soutien à une radio scolaire, achat d'un fauteuil roulant, plantation d'un arbre pour un don d'un euro... Les porteurs de projets doivent être domiciliés en France. Commission de 5% sur les sommes récoltées, mais conditions d'utilisation assez complexes.

Rookiz

Plateforme de financement participatif dédiée aux jeunes sous forme de crowdfunding et de sponsoring, avec le soutien d'Allianz, Axa et EDF. La charte consultable sur le site rappelle que le projet doit être crédible et réaliste à la fois dans les montants fixés et les contreparties à offrir aux entreprises. Sports, vacances, fêtes,... le panel est large. Nous avons déniché le projet de « retaper de vieilles Renault 4L ». Financement « tout ou rien ». Si l'objectif n'est pas atteint, tout est retourné aux contributeurs. En cas de réussite, prélèvement de 5% plus 3% de frais bancaires.

WeplaySport

Plateforme en français dédiée au sport et au handisport. Champ de soutien très large : clubs, équipes, associations, organisateurs d'événements, réalisateurs de documentaires, éditeurs, entrepreneurs du sport, et même, applications mobiles dans le domaine du sport. Commission de 8,2% plus 1,8% de frais bancaires, frais uniquement facturés si la collecte (maximum 90 jours) atteint ses objectifs ou en fonction des paliers prédéfinis. Foire aux questions assez complète.

DaVincicrowd

Plateforme française visant à « mobiliser, animer et faire réagir la communauté d'intérêts pour l'enseignement, la recherche et la santé ». On y trouve des demandes de financement pour la recherche sur le vieillissement ou la lutte contre les maladies respiratoires. Uniquement pour des projets français et situés en France. En effet, l'enseignement supérieur et la recherche, en France, sont bien plus fragilisés qu'au royaume de Belgique. Il est courant d'être enseignant ou chercheur vacataire dans l'enseignement supérieur ou universitaire, en travaillant sous des contrats de courte durée, dans un statut proche de celui des intermittents du spectacle.

PARTIE 2

Financer son entreprise

Chapitre 1

Quelques sous pour ma petite entreprise

Ce n'est pas parce que la levée de fonds se passe grâce au web que cette possibilité est limitée aux entreprises des technologies de l'information et de la communication.

Les entreprises du web, certes, passent souvent par ce canal naturel. Mais on trouve de l'alimentation (boulangerie-pâtisserie de luxe), de la restauration (chaînes à thème), de l'immobilier (immeubles, hôtel,...), des produits relatifs à la santé, des jouets,...

La méthode pour lever des fonds dépend fortement du montant recherché.

Jusqu'à 3.000 ou 10.000 euros

Pour petits projets d'entreprise, travailleurs indépendants, achat de matériel, ...

Les plateformes généralistes (KissKissBankBank, Ulule,...) acceptent les projets « innovants » ou « solidaires », etc., qui recherchent un budget limité : de quelques centaines à quelques milliers d'euros. Il s'agit alors de dons avec ou sans récompenses (non financières).

Plateforme fort orientée vers les projets alternatifs, Babeldoor reprend aussi des projets d'entreprise s'ils cadrent avec son orientation générale.

Pour les petits financements, il existe également une autre solution, décrite au chapitre précédent : le micro-crédit. Vous affichez votre objectif financier, le projet, les étapes comme dans toute campagne et des particuliers y vont chacun de leur montant. La date du début du remboursement, le nombre de mensualités et le montant de chacune sont affichés sur la plateforme.

Sauf exception comme l'aide aux pays en voie de développement, les internautes financent prioritairement des projets proches d'eux, plutôt d'un ancrage régional. La campagne de communication doit en tenir compte et viser les voisins, les associations locales, la presse régionale, le site web de votre ville, etc.

Le prêt solidaire entre particuliers, généralement sans paiement d'intérêts, s'adresse en priorité aux entreprises dotées d'un fort ancrage local qui trouveront aisément leur public (ex. : Babyloan). Ou, à l'autre extrême, aux projets d'entreprise soutenant le développement local dans les pays en voie de développement (micro-crédit solidaire). Fonctionne également très bien dans des zones en forte expansion (Mexique, Amérique du Sud,...).

BeFund

Plateforme en ligne le 1er octobre 2014, créée sous forme d'association à but non lucratif, couvrant l'espace belge francophone, avec une formule hybride pour financer des travailleurs indépendants, les Très Petites Entreprises et les PME, via le prêt avec intérêts par des particuliers. Les montants recherchés se situent le plus souvent entre 3.000 et 20.000 euros pour des demandes la plupart du temps très concrètes : financement d'un équipement par exemple. Après envoi du dossier, le chef d'entreprise bénéficie de deux heures d'entretien gratuites pour évaluer la faisabilité de la recherche de fonds. Si l'entreprise n'est pas saine ou mûre, elle est réorientée si elle le souhaite vers des structures de conseil (comptabilité, gestion, etc.). La mise en ligne coûte 350 euros, que l'objectif financier soit atteint ou pas, mais la plateforme ne prend aucune commission. L'entreprise ne commence à rembourser le prêt qu'après dix-huit mois. Les fondateurs estiment que leur activité peut fonctionner avec la mise en ligne de treize projets par mois. Ils pensent aussi préfinancer « une idée géniale » avec un prêt de 10.000 euros, comparable aux « bourses de préactivité » qu'octroie la Région wallonne.

Chapitre 2

Naître, croître et grandir...

Vous qui rêvez d'un jackpot instantané pour booster votre entreprise, commencez par abandonner ici toute espérance...

Alors que dans les petits projets créatifs, le dossier peut être accepté en deux ou trois jours, il en va tout autrement lorsque l'on cherche 50.000 euros ou beaucoup plus. Le projet, certes, peut être présélectionné sur dossier en quelques jours, mais il ne s'agit que de la première étape d'un long parcours, qui prend souvent des mois, avant que la campagne de crowdfunding ne démarre.

Et pour cause : avant d'engager leur image et leur crédibilité par la mise en ligne définitive, les plateformes vont passer votre entreprise au crible.

Vu les montants recherchés, les formules décrites ci-dessous s'adressent évidemment à deux situations. Deux modèles d'entreprises qui sont pareillement confrontés, l'un comme l'autre, aux limites financières des fonds de capital risque et des *business angels* (il leur est impossible de répondre à toutes les demandes) et surtout à la frilosité des banques - encore davantage depuis la crise de 2008, bien sûr.

Deux cas de figure :

1. **l'entreprise en création** qui cherche un capital de départ (ou capital d'amorçage) et prévoit une croissance forte et rapide, de façon à ce que les actions prennent rapidement de la valeur et que les investisseurs puissent revendre leurs parts trois, quatre ou cinq ans plus tard en réalisant une plus-value ⇨ **financement adapté en capital** (actions ou *equity*) ;
2. **l'entreprise de deux ou trois ans d'existence** au moins qui veut financer son développement ou renforcer ses fonds propres, mais n'intéresse pas encore les banques qui la jugent trop fragile, ni les investisseurs qui souhaiteraient une plus-value rapide ⇨ **financement adapté en prêt** (immédiatement remboursable par mensualités, ce qui assure un rendement direct aux investisseurs-prêteurs).

1. Lever du capital (*equity*)

En France, plusieurs sites sont spécialisés dans la formule *equity* - en capital: WiSeed, Anaxago, FinanceUtile,... En Belgique, c'est MyMicroInvest qui s'est fait connaître dans ce domaine, avec une formule très proche de celle de WiSeed.

Dans le domaine du prêt, LookAndFin a été pionnière en Belgique.

Pourquoi décrire le fonctionnement de ces différentes plateformes françaises et belges dans un même chapitre ? Parce que les marchés français et belges sont très imbriqués et le seront encore davantage dans l'avenir.

Par exemple, MyMicroInvest a pris sous son aile un projet français (YouScribe, le « YouTube de l'écrit »), qui permet à chacun de publier en ligne grâce à la conversion du format pdf en HTML. Et bon nombre d'investisseurs et prêteurs sur des plateformes belges sont des Français résidant en France ou non.

MyMicroInvest ne cache pas ses ambitions à l'international, y compris dans l'Hexagone, mais ce sera pour 2015. De son côté, WiSeed lorgne vers le Benelux.

LookAndFin songe à sauter la frontière plus rapidement, mais devra probablement adapter son fonctionnement en raison du monopole bancaire – en France, seules les banques peuvent prêter des montants supérieurs à 1 million d'euros aux entreprises : LookAndFin pour lever des sommes conséquentes devrait donc s'adosser donc à une banque.

En effet, la seule exception au monopole bancaire, en France, concerne depuis octobre 2014 les intermédiaires en financement participatif et les conseillers en financement participatif agréés. Ces derniers peuvent désormais effectuer l'équivalent d'un « appel public à l'épargne » sans émission de prospectus jusqu'au plafond de 1 million d'euros, mais le montant investi ne peut dépasser 1.000 euros par personne.

Dans le modèle de LookAndFin en Belgique, ce sont des particuliers qui prêtent directement à l'entreprise : une convention générée automatiquement par le site régit les relations entre les deux parties. Juridiquement, LookAndFin n'apparaît pas et pourrait... disparaître sans remettre en cause les liens entre prêteur et entreprise.

Il y a donc une logique économique dans l'interpénétration des marchés français et belge. Il est facile pour une plateforme française d'installer une antenne à Bruxelles, à 1h30 de Paris en Thalys. Et vice versa car les entrepreneurs et plateformes belges, eux, ne peuvent se limiter à un marché de 10 millions d'habitants (dont 4,6 millions de francophones) et cherchent naturellement à passer les frontières.

Enfin, pour rappeler une évidence, surtout à l'heure du web 2.0, beaucoup d'entreprises naissantes visent dès le début un marché européen, voire mondial.

Des sélections draconiennes

Pour la recherche de capitaux en ligne et de prêt, il y a beaucoup d'entreprises appelées et peu d'élues... De plus en plus de sociétés tentent de monter sur une plateforme uniquement pour la crédibilité (via un processus de sélection exigeant et une récolte de fonds qui prouve la confiance du marché et le potentiel du projet) et la visibilité qu'elles tireront de l'opération, notamment grâce à la médiatisation assurée par les plateformes.

Cela devient une règle : le crowdfunding pour entreprises, c'est principalement un outil de marketing et de communication.

Soyons réalistes (hélas) : il y a des projets d'entreprise qui ne se prêtent pas au crowdfunding : quand l'invention est trop complexe, quand le marché, même existant, n'est pas immédiatement perceptible par le grand public ou que le projet n'est pas jugé assez « sexy » par la communauté d'internautes.

La théorie, largement propagée par les plateformes, selon laquelle le crowdfunding doit son succès à l'utilisation de « l'intelligence collective » a ses limites. Il reste une dimension subjective, émotionnelle, une part de jeu et la possibilité de transformer une levée classique de fonds en un événement.

Pour tirer parti du crowdfunding, la première chose est donc de confectionner un dossier de candidature « en béton ».

A titre d'aide-mémoire, voici les documents et informations réclamés par MyMicroInvest pour effectuer le premier tri en une dizaine de jours :

« Identité » de l'entreprise

- Nom de l'entreprise
- Logo
- Lien vers le site web
- Lien vers la page Facebook
- Nom d'utilisateur Twitter
- Lien vers la vidéo (Youtube, Viameo,...)[2]
- Pays
- Secteur d'activité
- Stade de développement (de la simple idée à la croissance)
- Type de client (BtoB, BtoC,...)

Description générale

- Description du projet en une ligne (en anglais)
- Description en 450 caractères
- Résumé de l'offre et du contenu général de l'entreprise
- Identification du problème de marché et description du marché (taille et cible)
- Solution au problème de marché : description du produit/service, de son fonctionnement et des raisons pour lesquelles il répond au problème de marché identifié
- Modèle de marché : comment les clients pourront-ils acheter et utiliser le produit/service

Information additionnelle

- Taille du marché et identification du marché
- Objectifs pour les trois prochaines années
- Identification des concurrents et vos avantages concurrentiels
- Barrières à l'entrée pour votre marché
- Modèle de revenu : quels sont vos partenaires stratégiques ?
- Réalisation(s) : prix, concours, prototypes, premières ventes, etc.

---

2 Si vous n'avez pas (encore) de logo, de présence sur le web et les réseaux sociaux et surtout une vidéo... arrêtez-vous là et ouvrez d'urgence ce chantier.

Documentation supplémentaire (exemples complétés par nos suggestions)

- Plan d'affaires
- Plan financier
- Charte éthique
- Valorisation de la société
- Etudes de marché
- Propriété intellectuelle
- Revue de presse (et éventuellement premier plan de communication)
- Bref CV et expérience des membres de l'équipe
- Aspects juridiques et légaux de l'entreprise, de l'activité, etc.
- Apport d'un financement complémentaire

(Note : la documentation supplémentaire reste confidentielle et n'est pas diffusée aux internautes)

WiSeed définit, elle, des critères minimum au traitement d'un dossier : une entreprise de moins de huit ans, basée en France, active dans des domaines tels que la santé, l'environnement, le numérique, l'industrie, les services,... et qui a fait la preuve de son concept (chiffre d'affaires, clients pilotes,...), constituée par une équipe solide. Enfin, l'entreprise envisage d'autres manières de lever des fonds[3].

Complétons le tour d'horizon avec trois derniers aspects : « la différence qui fait la différence » doit être mise en valeur et aucun accord de confidentialité n'est nécessaire (vous avez protégé votre invention, déposé votre marque,...).

Si le dossier envoyé est présélectionné par l'équipe qualifiée de la plateforme, celle-ci contactera l'entrepreneur pour le tester : il faudra répondre à un maximum de questions en tous sens pour montrer jusqu'où vous maîtrisez votre projet.

A partir de ce moment, il y a deux scénarios possibles :

- soit la plateforme poursuit elle-même ses investigations jusqu'au moment où elle décide seule de proposer l'investissement sur le web ;

3 Une exigence de pratiquement toutes les plateformes actuelles.

- soit le projet pré-sélectionné par un comité d'experts ou des investisseurs professionnels déjà décidés à soutenir le projet est mis en ligne, avec une bonne quantité d'information, mais, dans un premier temps, uniquement pour tester les réactions de la communauté d'internautes qui pourront poser toutes leurs questions afin de se faire une opinion: trouvent-ils les informations convaincantes, le projet attrayant, viable, susceptible de susciter l'enthousiasme ? C'est la formule *in crowd we trust* ;
- si la conclusion de la campagne est positive, internautes-investisseurs et investisseurs professionnels investissent de concert ; dans le système MyMicroInvest, pour des raisons juridiques, c'est la responsabilité de l'entrepreneur de trouver un investisseur professionnel auquel se joindront les internautes-investisseurs.

Bon à savoir aussi : le crowdfunding « live » se développe (c'est un phénomène à succès aux États-Unis) : lors d'un événement (salon de l'entreprise ou autre), la plateforme lance le compte à rebours : les porteurs de projet présentent leur entreprise en trois minutes puis répondent en direct aux questions de la salle, parfois en plus à un jury de professionnels, et à celles posées via le web puisque l'événement y est diffusé en direct.

L'objectif est de susciter excitation et suspense afin de récolter le maximum de fonds en un temps record (parfois quelques heures…) ; ça vous fait penser à « La Nouvelle Star » ? Eh bien, ce n'est pas un hasard…

MyMicroInvest

Guillaume Desclée, co-fondateur

D'où est venue l'idée de MyMicroInvest ?

Nous avons voulu démocratiser l'accès au capital risque en associant les investisseurs particuliers et professionnels. Les premiers investissent dans les mêmes conditions financières, mais pour des montants bien moindres. Et nous avons intégré la foule dans le processus. Après présélection des dossiers, en amont de la campagne de crowdfunding, il y a une analyse par la foule.

Comment tout cela s'emboîte-t-il techniquement ?

Tous les investisseurs sont réunis dans une entité unique, MyMicroInvest Finance, qui garantit le même rendement qu'une action de l'entreprise où l'on a investi. Ceci évite aussi à l'entreprise de se retrouver avec des dizaines de petits actionnaires. Quant aux investisseurs professionnels, ils rentrent dans l'entreprise au même titre que MyMicroInvest Finance. L'internaute est représenté en bloc, ce qui lui donne plus de force. Nous assurons un accompagnement de l'entreprise, par exemple grâce à un conseil d'administration où siègent des business angels, mais aussi par la communauté en ligne. L'entrepreneur informe ces derniers tous les trois ou quatre mois. Les sociétés font aussi appel à la communauté pour résoudre certains problèmes.

Comment gérez-vous les règles draconiennes en matière d'appel public à l'épargne ?

Pour toute entreprise en recherche de fonds, nous présentons au moins en ligne un mémorandum dont la réalisation coûte 4.000 euros à l'entrepreneur. Nous sommes même la seule plateforme en Europe à émettre un prospectus car nous sommes arrivés à « industrialiser » les processus. Ce dernier était nécessaire jusqu'en avril 2014 dès que l'on souhaitait lever 100.000 euros ou plus[4]. Il reste obligatoire pour les transactions au-delà de 300.000 euros depuis les mesures prises en avril.

Cette nouvelle législation est-elle une avancée ?

La législation permet désormais à n'importe qui de vendre n'importe quoi en-dessous de 300.000 euros. En conséquence, la qualité de l'information diffusée va baisser. Il faudrait un canevas légal pour assurer une information de qualité. Que n'importe qui ne puisse pas s'improviser crowdfunder ! Quant au prospectus, il reste peu rentable lorsque l'on recherche un peu plus de 300.000 euros. Il doit aussi comprendre un volet sur la communication, mais à l'époque des réseaux sociaux, on ne peut plus tout planifier.

D'autre part, 5% de nos investisseurs dépassent 1.000 euros. Ils représentent à eux seuls plus de 50% des investissements : les particuliers qui dépassent 1.000 euros sont nécessaires.

Et la sélection des dossiers ?

Les seize premiers projets que nous avons financés sont issus d'un millier de candidatures.

4 Depuis avril 2014, il est possible de lever jusqu'à 300.000 euros sans émettre de prospectus à condition que l'investissement maximum par le particulier ne dépasse pas 1.000 euros par entreprise.

Combien coûte une campagne sur MyMicroInvest ?

La réalisation du mémorandum coûte 4.000 euros, soit 3.500 en frais d'avocats et 500 pour MyMicroInvest. Pour le prospectus, c'est 12.000 euros, moitié pour les frais d'avocats et moitié pour l'autorité des marchés financiers (FSMA, NDLR). Nos revenus se composent d'une commission sur la transaction, sur le modèle de celui des fonds d'investissement : un « management fee » annuel de 2% pour un maximum de six ans ainsi qu'un « fee » en cas de performance de l'investissement, c'est-à-dire supérieure à 10% l'an et, à la fin de l'opération, un « performance fee » de 20% sur la plus-value.

Avez-vous étudié le profil de vos investisseurs ?

On est loin du geek ! Plus de la moitié ont passé 35 ans et sont à 85% des hommes et à 90% Belges ! L'investisseur moyen se situe entre 5 et 600 euros. Ceux qui investissent plus de 1.000 euros sont plus avertis et composent leur propre portefeuille.

Comment voyez-vous l'avenir du crowdfunding ?

Le nombre de plateformes double chaque année, cela correspond à un besoin. Les gens sont de plus en plus conscients du contexte dans lequel ils vivent et veulent reprendre le contrôle. Le défi est de ne pas refaire une bulle. Peut-être faut-il anticiper ce qui s'est passé dans l'univers bancaire et faire preuve de plus d'exigences. Pour le reste, les législations sont encore très locales et la qualité du crowdfunding varie très fort d'un pays à l'autre.

Et pour MyMicroInvest ?

L'avenir est européen. Notre site est trilingue. La structure de notre prospectus est déjà européenne. Nous comptons passer les frontières en 2015 en ouvrant des bureaux en France, Grande-Bretagne, Allemagne et Pays-Bas.

De la candidature à la campagne elle-même

Anaxago ou Wiseed en France, etc. et MyMicroInvest en Belgique procèdent de manière assez similaire.

L'entreprise envoie un dossier qui est examiné par un comité interne. En cas de présélection, la plateforme prend contact avec les instances dirigeantes, puis effectue éventuellement une mise en ligne « test » : audit par la communauté des internautes qui évaluent le concept du projet.

S'ensuit une période de « due diligence » avant la mise en ligne définitive: les membres de la communauté demandent toutes les informations qu'ils souhaitent, via le web, une présentation in the real life, etc. et l'entreprise leur répond. Si les précisions fournies convainquent, mise en ligne et début de la campagne.

Certaines plateformes proposent en ligne un mémorandum très détaillé (plusieurs dizaines de pages) sur l'entreprise reprenant les perspectives, les business plans, etc. Tout ceci à destination des internautes.

MyMicroInvest insiste sur l'intérêt de la première mise en ligne pour sonder les internautes : l'étape doit permettre la constitution d'une base de fans. Ils sont invités à partager leurs idées, leur expérience, leurs réseaux et d'attirer de nouveaux investisseurs professionnels.[5]

Anaxago

« Il faut encore évangéliser »
Joachim Dupont, co-fondateur

Sur quelles bases avez-vous créé Anaxago ?

Notre intention était de trouver une autre source de financement de l'innovation.

Quelles sont les entreprises qui viennent vers vous?

Nous touchons en fait une population de PME qui n'avaient pas forcément songé à chercher des investisseurs. Beaucoup cherchent à renforcer leurs fonds propres. Nous recevons une centaine de dossiers par mois. Nous en acceptons moins de 4%. Depuis 2012, nous avons financé 22 entreprises en levant près de 10 millions d'euros. Et notre communauté compte 26.000 inscrits.

Et les investisseurs ?

Le profil des investisseurs varie très fort d'un projet à l'autre. Les jeunes qui faisaient leurs études vers 2008 ne vont pas forcément se diriger vers l'assurance-retraite... Lorsque nous entrons dans une entreprise, nous mettons aussi au point des pactes d'actionnaires avec des clauses de protection. La décision de vendre, elle est extrinsèque : on décide de vendre... quand il y a un acheteur[5].

---

5 En France, l'agrément de conseiller en financement participatif permet à partir d'octobre 2014 de lever des fonds jusqu'à un million d'euros auprès d'un nombre illimité d'investisseurs (auparavant, le plafond était de 150 personnes).

Allez-vous vous développer en Europe ?

L'expansion en Europe n'est pas dans nos priorités. Il faudrait s'adapter au droit du commerce et aux lois des marchés financiers de chaque pays. Par contre, nous avons des partenariats avec des fonds d'investissement régionaux, comme en Île-de-France. Nous transmettons les dossiers que nous avons acceptés et la région octroie un euro pour chaque euro levé par crowdfunding.

Comment voyez-vous l'avenir du crowdfunding en France ?

On peut s'attendre à une croissance de l'equity dans l'immobilier : il y a une restriction des crédits bancaires et, en même temps, la France manque de logements. Plus généralement, en matière de crowdfunding par prêt ou capital, il y a une volonté de désintermédiation. Comptons : 1% seulement du flux annuel de l'épargne en France, cela représente 2 milliards disponibles...

MyNewStartUp

Crowdfunding pour les entrepreneurs présentant deux méthodes compatibles : la levée de fonds en capital et l'achat par anticipation qui permet à l'entreprise de disposer des moyens nécessaires pour fabriquer son produit. Financement « tout ou rien », parcours classique du projet sur le web (présélection, vote des internautes et, si réaction positive, démarrage de la campagne). Accompagnement par le site (sans détails). Genre de projets financés : regroupement de trois exploitations laitières, système de géolocalisation de vélos et scooters...

KioskToInvest

Exemple d'initiative régionale, la plateforme est une émanation de la Chambre de Commerce et d'Industrie de Caen Normandie[6]. Site de rencontre... entre investisseurs et entrepreneurs ayant un projet à financer. Sélection de projets à fort potentiel de développement et accompagnement dès le départ. Besoins en fonds propres des entreprises compris entre 10.000 et 5.000.000 d'euros. Investissement minimum : 1.000 euros. Garantie d'une certaine liquidité des titres grâce à leur cotation et échange sur une Bourse de PME. Les coûts sont proportion-

6 Les Chambres de Commerce et d'Industrie en France relèvent du secteur public, ce qui leur assure un certain niveau de financement, contrairement à la Belgique où il s'agit de structures privées (généralement des associations sans but lucratif) qui fonctionnent grâce à leurs moyens propres (et limités).

nels aux services. Admission du dossier : 1.500 euros. Pourcentage sur les fonds levés : tarif dégressif de 9,5 à 7%. Cotation au marché secondaire : abonnement annuel de 9.000 euros HT. Et éventuels frais d'experts (réalisation d'un bilan, d'un compte prévisionnel,...).

SmartAngels

La plateforme qui, après sélection des dossiers par des investisseurs professionnels, laisse le plus d'autonomie aux entreprises en recherche de fonds (moyennant la fourniture à la communauté d'informations de très haut niveau) et aux investisseurs (de préférence aguerris). Quelques conseils aussi pour limiter les risques que pourraient prendre les investisseurs débutants dans le crowdfunding et un bon réseau de partenaires pour soutenir les entreprises.

Happy Capital

Orienté vers les entreprises innovantes, né dans la région bordelaise et agréé comme conseiller en investissements financiers, Happy Capital peut lever jusqu'à 2.500.000 euros, mais avec un nombre maximal de 149 investisseurs (ce qui n'est pas alors considéré comme un appel public à l'épargne).

Particeep

Ni plateforme de levée de fonds à proprement dit, ni réseau de *business angels*, la start-up Particeep offre des solutions combinées : une (autre) start-up peut créer son propre site de levée de fonds, les investisseurs (particuliers comme *business angels*) peuvent y constituer et suivre leur portefeuille ou encore exploiter la technologie du site en marque blanche pour piloter leurs investissements et le suivi des entreprises auxquelles ils participent.

Spear

Initiative à la limite du financement participatif. Spear sélectionne des projets en recherche de financement bancaire sur des critères éthiques. Les dossiers retenus sont présentés à des banques partenaires qui évaluent la viabilité de la structure. En cas d'approbation du projet, celui-ci est mis en ligne et les internautes épargnants peuvent aider à son financement.

Seeds

Plateforme néerlandaise d'investissement, elle serait – selon ABN-Amro qui l'a créée – la première plateforme de crowdfunding émanant d'une banque. Sélection classique des dossiers, d'abord par la banque, puis sur vote des internautes, etc. Avant de débuter sa campagne, l'entreprise ouvre un compte chez ABN-Amro. Les investissements commencent à 10 euros. Il ne s'agit néanmoins ni de capital, ni de prêt. L'investisseur ne détient pas d'actions, mais des « parts » incessibles. En plus d'« extras », il est rémunéré financièrement, sur base d'une convention signée avec l'entreprise. Rappelons que les banques néerlandaises s'intéressent de près au crowdfunding. Rabobank, une autre banque importante aux Pays-Bas, a soutenu une enquête nationale sur ce nouveau système de financement.

Share2Start

Plateforme néerlandaise orientée vers les projets d'entreprise durables et/ou innovants qui recherchent un budget limité (jusqu'à 10 ou 15.000 euros). Elle accepte aussi des initiatives artistiques. Les contributeurs ont le choix entre le don pur, l'investissement financier, etc. C'est aussi une mine pour ceux qui sont à la recherche d'une bonne idée d'entreprise...

WiSeed

Souleymane-Jean Galadima, Directeur Développement et Partenariats

Pourquoi avez-vous fondé WiSeed ?

Nous étions en 2008, en pleine crise des subprimes et le chanteur Grégoire venait de financer son premier album par une campagne sur MyMajorCompany. Les fondateurs de WiSeed sont issus du monde des incubateurs d'entreprises. Ce qui était frappant en France, c'était l'« equity gap » de l'amorçage, les 50.000 à 100.000 euros nécessaires à la création de l'entreprise. Faire appel aux fonds communs de placement ou aux fonds communs de proximité entraînait d'une part des frais démesurés pour l'entreprise et, d'autre part, beaucoup d'investisseurs étaient déçus par ces instruments financiers.

Comment WiSeed fonctionne-t-elle ?

Nous avons repris le principe de la proximité, par de petits montants à partir de 500 euros et créé des véhicules d'investissement dédiés. Le ticket moyen par start-up se monte à 200.000 euros. Le véhicule d'investissement est géré par WiSeed et la revente reste une décision de WiSeed, mais la sortie est soumise au vote électronique des investisseurs. Nous avons financé 40 start-up depuis notre création. Il y a eu quelques participations ratées, mais aussi des succès comme une sortie à 43% de plus-value.

Qui s'adresse à vous ?

Les projets que nous recevons vont de la jeune société biotech au camion pizza. En moyenne, nous finançons 1% des dossiers que nous recevons. Nous imposons des barrières à l'entrée qui rassurent les investisseurs : la société doit être constituée, posséder un site web, une dimension innovante, un conseil d'administration qui fonctionne, etc. Nous avons également des partenariats avec des régions comme en Rhône-Alpes, Île-de-France, Bordeaux,...

Comment voyez-vous l'avenir du crowdfunding?

Nous allons vers une segmentation par domaine d'activité et vers une diversification des outils ainsi que davantage de désintermédiation. Mais il faut encore faire de la pédagogie, évangéliser... Ce qui fera la différence entre les plateformes, c'est la qualité des projets, le service aux investisseurs et la vitesse de développement.On peut aussi envisager des campagnes parallèles sur Wiseed et par le réseau LinkedIn. Des anciens des grandes écoles pourraient avoir envie de financer une start-up issue du même établissement scolaire.

Et le développement international ?

WiSeed s'intéresse au Bénélux. Dans l'avenir, la Commission européenne a un rôle réglementaire à jouer pour que les plateformes européennes résistent à l'arrivée des plateformes américaines. Sinon, nous aurons des investisseurs européens qui financeront des start-up américaines... Encourager le crowdfunding à travers l'Europe ouvrirait la porte à l'export.

L'avenir sera-t-il aux plateformes capables de lever le maximum de fonds très rapidement ?

Malheureusement oui. L'audit d'une start-up, c'est l'audit d'une PME et cela doit être réalisé par des profils professionnels qui coûtent cher ! Chez WiSeed, nous planifions encore une augmentation de capital de plusieurs millions d'euros.

Faire appel à du capital, en résumé

Avantages pour l'entreprise

- Réaliser une étude de marché à moindre coût : grâce à la mise en ligne, l'entreprise sent vite la réaction du marché.
- Disposer rapidement d'un capital de départ.
- Eviter au moins en partie le recours à une banque qui demandera des garanties.
- Rassembler une communauté d' « ambassadeurs » qui parleront de l'entreprise autour d'eux et deviendront des fans capables aussi d'apporter des conseils.
- S'obliger ainsi à tenir la barre sans faire de pause, car il faut informer très régulièrement les investisseurs.

Inconvénients pour l'entreprise

- Sauf investissement indirect via un véhicule financier rassemblant les investisseurs, il faut gérer une foule de petits actionnaires (organisation de l'assemblée générale, etc.) et ceux-ci auront tous leur idée précise sur la stratégie à appliquer…
- Lorsque que les internautes-investisseurs et les investisseurs professionnels se regroupent dans un véhicule dédié, l'entrepreneur doit admettre qu'après quelques courtes années, le véhicule revendra ses parts et que la société se retrouvera avec un nouvel actionnaire, qu'il n'aura pas choisi ; mais on n'a rien sans rien…
- Pour limiter les inconvénients : entrée des nouveaux investisseurs rassemblés dans un véhicule dédié (une société créée à cet effet) qui représente seul les « petits actionnaires » dans le capital de l'entreprise et donc, à l'assemblée générale ; le véhicule des investisseurs comporte, en sus, un pacte d'actionnaires qui règle les possibilités de revente de titres et de sortie collective.

Avantage pour l'investisseur

- Miser sur une aventure enthousiasmante avec l'appât d'une belle plus-value à la sortie après quatre, cinq ou six ans.
- Etre traité sur pied d'égalité avec l'investisseur professionnel (ou investisseur de référence) : conditions de sortie, répartition de la plus-value en fonction des mises respectives, etc.

Inconvénients pour l'investisseur

- C'est du capital à risque comme dans toute opération de crowdfunding : en cas de mise en liquidation ou de faillite de l'entreprise, l'argent est définitivement perdu.
- Même si tout se passe bien, l'investissement n'est pas « liquide » : il n'y a pas de marché où vendre ses parts lorsque l'on le souhaite (et d'ailleurs, comment fixer le prix ?). C'est donc à la fois du capital à risque et, si tout se passe bien, une épargne à moyen terme... dont on ne connaît pas précisément le terme. Pour vendre, il faut qu'un acheteur se manifeste.
- Incitants fiscaux limités : la Belgique encourage l'épargne à long terme (assurance-vie, retraite, achat d'une habitation,...), mais pas le capital risque ; en France, il existe des possibilités de déductions fiscales dans le cadre du Plan d'Epargne Actions (PEA) à condition de ne sortir du capital qu'après un minimum de cinq ans et des possibilités de réductions fiscales dans le cadre de l'impôt sur la fortune.

2. Contracter un prêt

LookAndFin fixe des conditions minimales pour rentrer une candidature : l'entreprise doit être dotée d'un conseil d'administration, avoir un historique commercial (minimum un exercice comptable clôturé), un potentiel de développement et, bien sûr, un cash-flow positif à court terme puisque l'entreprise commence à rembourser son prêt dès que les fonds sont levés. Deux possibilités : un remboursement à montant fixe ou un remboursement trimestriel de montant variable sur base du chiffre d'affaires réalisé.

Dans cette formule de prêt, l'investisseur obtient un rendement entre 8 et 15% l'an. Il y a une certaine liquidité de l'investissement puisque l'argent tombe tous les mois. A l'heure actuelle, le mécanisme est gratuit pour les investisseurs.

LookAndFin se rémunère par un « set up fee » (mise au point du dossier) de 2000 euros facturé à l'entreprise. Plus un « success fee » de 4% des fonds levés jusqu'à 100.000 euros – ensuite, le tarif est dégressif.

Ce système de prêt se révèle une bonne solution pour les entreprises qui sont loin d'être en mesure d'émettre un emprunt obligataire. La première condition, en effet, est de se faire noter par une agence spécialisée (Standard&Poors, par exemple) qui évalue la solvabilité – et quelle serait la note d'une entreprise de deux ou trois ans d'existence à laquelle les banques ne font pas une immense confiance ? Deuxième obligation : le sacro-saint prospectus qui reprend les informations financières comme le type d'obligation, le rendement, les méthodes de communication, etc. et doit être approuvé par les autorités des marchés financiers, ce qui prend des mois... et coûte de toute façon trop cher pour une jeune entreprise en Belgique. Cerise sur le gâteau, les coûts et frais ainsi que la fiscalité pour l'investisseur sont assez complexes.

Les délais d'approbation du prospectus sont plus rapides en France si l'entreprise propose déjà un document approfondi à l'Autorité des Marchés Financiers, mais le contenu du prospectus final est globalement similaire à son homologue belge lorsqu'il s'agit d'un emprunt lancé à destination du grand public.

LookAndFin

Frédéric Lévy Morelle, fondateur

Comment le projet a-t-il démarré ?

En juin 2012, nous avons eu l'idée de mettre en contact des entreprises et des investisseurs. Un an et demi encore avant le lancement, le marché était dominé par les plateformes « equity ». Ce système ne répondait pas à la totalité de la demande des entreprises et des investisseurs.

Comment un particulier peut-il investir ? Dans l'immobilier, en actions, en liquide déposé sur un compte... Ici nous avons créé une sorte de marché obligataire pour les PME. C'est un moyen de financement différent de celui des banques ou des business angels.

Quelles différences pour l'entreprise avec un financement bancaire ?

Pour l'entreprise, il y a un véritable accompagnement et un aspect de marketing. C'est l'entreprise qui choisit les conditions de financement. Il n'y a pas de dilution du capital et aucune discussion sur la valeur de la société. Les dix-huit premiers mois, nous avons fonctionné par le bouche à oreille, via un incubateur d'entreprises, la présence à des salons professionnels, des conférences,... Nous n'avons pas vraiment de vocation grand public.

Bien sûr, l'entreprise doit avoir une possibilité de remboursement, alors que l'equity demande une croissance importante. Nous sommes un peu plus cher que les banques. LookAndFin ne demande pas de garanties, contrairement à une banque qui ne regarde que cela, pas le projet. Mais huit projets sur dix sont des cofinancements : actionnaires, financement public, prêt bancaire et prêt LookAndFin.

Quelles entreprises ciblez-vous ?

Notre formule s'adresse à des entreprises à risque qui n'intéressent pas les banques. Certaines entreprises voient les intérêts à payer chez nous comme un investissement en marketing. Les prêteurs peuvent devenir un réseau d'ambassadeurs. Une chaîne de pizzerias présente à Bruxelles et à Paris a limité le montant de prêt par investisseur pour créer un réseau. Ces 70 personnes sont devenues des visiteurs-mystère afin de contrôler le respect des normes dans les restaurants. Ils bénéficient aussi de 10% sur leur addition pendant toute la durée du prêt.

Quels investisseurs visez-vous ?

La majorité de nos investisseurs sont des hommes entre 35 et 45 ans. Ils sont universitaires, cadres, et travaillent dans une banque ou dans les technologies de l'information et de la communication. 40% des investisseurs ont investi dans au moins trois entreprises. Généralement, ils testent le système par un petit montant. Dès qu'ils constatent que cela fonctionne, ils investissent davantage. Entre 25 et 30% de nos investisseurs sont français.

Le montant minimum d'investissement se monte à 500 euros. En pratique, moins de 5% des investisseurs investissent moins de 1.000 euros. Nous distinguons donc deux types d'investisseurs. Le « crowd » dont l'investissement tourne autour de 500 à 1.000 euros et le « premium » qui investit de manière récurrente, plus de 2.500 euros.

Et l'Europe ?

Si nous voulons financer une entreprise établie hors de Belgique, il faut vérifier si la législation dans ce pays le permet.

FinanceUtile

Le site offre, en France, un éventail très large de services d'investissements (actions sous différentes formes, obligations, prêts participatifs,...). Mais la « foule » des internautes y joue un rôle limité : c'est le site web lui-même qui analyse les dossiers, les sélectionne, réalise les audits nécessaires, relit l'historique (minimum trois exercices), revoit les prévisions à la hausse (rarement) ou à la baisse avec l'entrepreneur, etc. Droit d'entrée HTVA de 5% au moment de l'investissement et 10% de la plus-value au moment de la sortie (en moyenne après cinq ans). Mais il y a d'autres modèles de rémunération en fonction des formules d'investissement : intérêts, prêt participatif ou obligations, dividendes éventuels,...

Prêt-de-chez-Moi

Site destiné aux projets professionnels et associatifs en Rhône-Alpes (recherche de montants entre 3.000 et 15.000 euros). Exemples : création de commerces bio, artisanat, tourisme rural ou vert, écologie,... Système contournant le monopole bancaire. Première étape : un particulier dépose son épargne sur un compte. Un porteur de projet en fait de même. L'établissement financier prête alors une somme définie au porteur de projet. Le prêt fonctionne grâce à la notion de nantissement : l'épargnant décide du montant qu'il pourrait perdre si le crédit n'était pas entièrement remboursé.

Prêt d'Union

Prêt de particulier à particulier pour tous les objectifs imaginables, y compris la création ou le rachat d'un commerce. Solution de dépannage puisque l'on peut y emprunter jusqu'à 40.000 euros. Remboursement en 60 mois maximum.

Contracter un prêt, en résumé

Avantages pour l'entreprise

- Pour une entreprise qui a déjà un historique (deux ou trois exercices), c'est une solution pratique pour financer le développement en évitant (au moins en partie) de faire appel aux banques qui demanderont des garanties.
- C'est un bon moyen de financer l'achat de biens amortissables en quatre à six ans (selon la durée du prêt).
- La formule ne change pas le tour de table : l'entrepreneur peut se financer sans perdre le contrôle, ni voir débarquer de multiples petits actionnaires.
- La convention de prêt étant établie directement entre le prêteur et l'entreprise, l'intermédiaire peut disparaître sans que cela ne change en rien les accords entre les deux parties.

Inconvénients pour l'entreprise

- Il faut disposer d'un cash-flow positif qui permette le remboursement du prêt par mensualités dès que les fonds ont été collectés.
- Les taux d'intérêt sont légèrement plus élevés que les taux bancaires ; en compensation, les entreprises bénéficient d'un accompagnement plus poussé et des avantages d'une campagne sur le web (visibilité, test de marché, communication, rassemblement d'une communauté,...).
- Le ressort d'implication pour l'investisseur est moins émotionnel que lors d'une prise de participation : les internautes misent davantage, mais ils se sentent moins liés au projet, il est donc plus difficile de rassembler une communauté d' « ambassadeurs » d'une certaine taille.
- Selon l'expression « je te tiens, tu me tiens par la barbichette », les plateformes de prêt vont privilégier les entreprises qui sont en mesure de diversifier leur financement (prêt bancaire, investissement ou garantie d'une structure publique).

Avantage pour l'investisseur

- Sauf disparition de l'entreprise, l'investissement assure une certaine liquidité puisqu'il y a un remboursement mensuel (contre un retour par an pour les fonds de placement, les actions, etc.) et que le taux d'intérêt est décidé dès le départ.

Inconvénients pour l'investisseur

- Il ressemble à la participation *equity*, il y a une part de non-liquidité puisqu'il faut attendre la fin du remboursement pour récupérer tout son investissement, plus les intérêts, et que l'on ne peut revendre sa convention de prêt comme on le ferait avec des obligations.
- La communauté d'internautes est souvent moins soudée qu'en cas de participation au capital : une fois le prêt conclu, les investisseurs se désintéressent de la suite de l'aventure... du moment que l'argent tombe régulièrement.

3. Banques et plateformes : amies ou ennemies ?

18 septembre 2014 : la Fédération belge du Secteur financier (Febelfin) lance un appel par voie de presse. En substance : « les taux d'intérêt n'ont jamais été aussi bas, les conditions d'octroi aussi souples... venez, venez à nous, chères entreprises et, surtout chères PME ». Pendant ce temps, le crowdfunding se développe et n'arrête pas de faire parler de lui. On sent naître, sinon une concurrence, du moins une rivalité.

En fait, la situation est très différente en France, en Belgique et aux Pays-Bas, en fonction de la structure du secteur financier, de la maturité du crowdfunding et de l'état d'esprit général.

Aux Pays-Bas, où le secteur bancaire est très concentré, deux des acteurs majeurs, ABN-Amro et Rabo Bank, se sont très vite intéressées au crowdfunding. Pourquoi ? Le crowdfunding généraliste et à destination des entreprises était déjà fort développé en 2011. ABN-Amro a donc rapidement créé sa propre plateforme financière en 2012, Seeds.

Le schéma est simple : la banque sélectionne des projets de start-up que les investisseurs internautes financent, éventuellement en complément d'un (petit) prêt bancaire. La banque gagne une meilleure image au sein de la société et obtient un point de vue efficace sur de jeunes entreprises qu'elle pourra récupérer comme clientes par la suite, dès qu'elles seront sorties de la zone de risque des « jeunes pousses ».

Rabo Bank se limite jusqu'à présent à expliquer le crowdfunding sur son portail destiné aux entrepreneurs, mais a aussi participé à la réalisation d'une étude nationale sur le crowdfunding dans le pays, en 2012.

Il y a dans tout cela une part de culture hollandaise. D'abord, dans un pays aux origines protestantes, il est normal de contribuer au bien-être général, que l'on soit banque, entreprise, investisseur soutenant le progrès ou donateur pour une bonne cause. Ensuite, l'argent est d'autant moins tabou ou source de méfiance quand on en gagne beaucoup que, dans les siècles passés, il indiquait que l'on était élu de Dieu.

La structure du secteur bancaire en Belgique, s'avère totalement différente. Sur les quatre premières banques généralistes du pays, deux seulement sont belges : KBC (deuxième au classement, groupe flamand) et Belfius (quatrième, née sur les restes de Dexia). La première est BNP Paribas Fortis (française, même si le principal actionnaire est encore l'Etat belge – mais pour combien de temps ?) et ING Belgique (néerlandaise, troisième). Le lien des grandes banques généralistes (« retail ») avec la société belge et son économie est donc parfois ambigu car les centres de décision sont à l'étranger.

Belfius, qui se définit plutôt comme un bancassureur, est détenu à 100% par l'Etat belge fédéral et n'est pas coté en Bourse. Outre l'activité de « retail banking » auprès des particuliers, il est le partenaire des pouvoirs publics, du secteur non marchand et joue un rôle non négligeable dans le soutien à l'économie (des indépendants aux PME, jusqu'aux grandes entreprises,...).

Belfius est donc la seule banque belge à s'être engagée dans le crowdfunding, en janvier 2013, en annonçant son soutien à la plateforme AngelMe. Cette dernière, comme déjà indiqué dans cet ouvrage, n'était pas encore en ligne... à la mi-septembre 2014.

Du côté de Belfius, on rappelle les nombreuses initiatives de la banque vis-à-vis des jeunes entreprises, mais on précise que la banque s'est dégagée du crowdfunding à la fin 2013, car « la mise en place d'un cadre légal pour le crowdfunding a tardé quelque peu ». On ne saurait mieux dire puisqu'à part un aménagement des mesures applicables à l'appel public à l'épargne, il n'existe aucun cadre spécifique[7].

Tout au contraire, dans un marché bancaire moins concentré et une activité de crowdfunding plus mûre, en France, les accords entre plateformes sont légion, même s'ils ne sont pas mis en avant.

La Banque Postale dispose d'un accord avec KissKissBankBank depuis juin 2011 et, depuis janvier 2014, avec HelloMerci (même groupe). BNP Paribas est partenaire de Wiseed. Et ce ne sont que quelques exemples. Les banques coopératives se tournent, elles, vers des plateformes en ligne avec leur philosophie, soutenant par exemple l'économie sociale et solidaire, ou encore le soutien à des projets locaux.

« Plusieurs facteurs militent pour que les établissements financiers lancent, éventuellement en partenariat, une offre de crowdfunding,

7 La plateforme belge MyFirstCompany, lancée en 2011, a dû cesser ses activités un an plus tard, car elle recherchait en direct des investisseurs pour des start-up, ce qui a été considéré, à l'époque, comme un appel public à l'épargne.

notait Thibaut de Lajudie, du cabinet Ailancy, dans La Tribune, début 2014. *Tout d'abord, ce dispositif leur permet de contribuer au financement de leurs clients sans puiser des fonds propres de plus en plus précieux (...). Par ailleurs, il donne la possibilité à des épargnants éclairés de diversifier leurs placements et de connaître parfaitement l'utilisation qui en sera faite, ce qui répond à une demande croissante de « fléchage » de l'épargne. Enfin, plusieurs compétences des banquiers – en termes de sélection et d'accompagnement des projets, mais aussi de traitement de masse – pourraient se révéler utiles pour l'essor de la finance participative.* »

On ne saurait mieux résumer l'arrière-pensée des banquiers...

Chapitre 3

Les aspects légaux

En France comme en Belgique, en l'absence totale ou partielle de cadre spécifique au crowdfunding, ce sont les mesures en vigueur qui s'appliquent. Grand souci : elles ont été mises en place bien avant l'invention du financement participatif.

Courant 2014, les deux pays ont introduit des adaptations à leurs législations afin d'encourager le crowdfunding. Leur champ d'action et leur impact sont pourtant d'importance très différente.

Revenons donc quelques petites années en arrière.

Les autorités respectives des marchés financiers ont effectué le relevé des dispositions applicables par défaut à cette nouvelle méthode de financement de projets et d'entreprises. A une différence près : dans un avis de juillet 2012, la FSMA (Belgique) a fait l'inventaire de tout ce qui met le crowdfunding hors la loi et a averti des risques de sanctions que couraient ceux qui comptaient se lancer dans l'activité, soit pour créer une plateforme, soit pour mener une campagne.

En France, l'AMF a réalisé un inventaire de toutes les mesures qui bridaient le développement du crowdfunding.

Obstacles légaux principaux au crowdfunding en France avant octobre 2014

- Activité de banque, établissement de crédit.
- Atteinte au monopole bancaire (seules les banques peuvent prêter aux entreprises).
- Appel public à l'épargne.
- Activité de moyen de paiement.
- Activité de conseiller en investissement.

→ Création de l'agrément d'intermédiaire en financement participatif et de conseiller en financement participatif ainsi que d'un aménagement du concept d'appel public à l'épargne et d'une limitation du monopole bancaire en matière de prêt.

Mesures d'organisation du crowdfunding en France

1. Intermédiaire en financement participatif : pour 1 million d'euros maximum

Les plateformes de prêts – rémunérés ou non – doivent prendre le statut d'intermédiaire en financement participatif, ce qui signifie qu'elles s'engagent à respecter un code de bonne conduite :

- Fournir au public les informations nécessaires pour être identifié et contacté.
- Informer le public des conditions de sélection des projets et des porteurs de projet.
- Publier un rapport annuel d'activité.
- Fournir aux prêteurs ou donateurs les informations concernant les caractéristiques du projet et, le cas échéant, du prêt concerné s'agissant en particulier du taux d'intérêt applicable, du montant total du crédit, de la durée du prêt, de ses modalités et conditions de remboursement ainsi que de l'existence ou non d'une faculté de rétractation du prêteur.
- Mettre à disposition des prêteurs les outils permettant d'évaluer le montant du prêt envisageable compte tenu de leurs revenus et charges ainsi que les éléments pertinents leur permettant d'apprécier la viabilité économique du projet, en particulier le plan d'affaires.
- Fournir aux porteurs de projet et aux prêteurs ou donateurs les informations concernant la rémunération de l'intermédiaire en financement participatif ainsi que l'ensemble des frais exigés.
- Fournir aux porteurs de projet et aux prêteurs ou, le cas échéant, aux donateurs, un contrat type permettant de formaliser les conditions du financement.
- Fournir aux porteurs de projet un document synthétique comportant le montant total de l'opération et, le cas échéant, le taux conventionnel, la durée du prêt, ses modalités de remboursement ainsi que son coût total.

- S'assurer que le taux des crédits proposés aux personnes physiques souhaitant financer une formation initiale ou continue est inférieur au taux mentionné dans le code de la consommation.
- Définir et organiser les modalités de suivi des opérations de financement et la gestion des opérations jusqu'à leur terme, y compris dans le cas où l'intermédiaire en financement participatif cesse son activité.
- Prendre un contrat d'assurance le couvrant contre les conséquences pécuniaires de sa responsabilité civile professionnelle, en cas de manquement à ses obligations professionnelles.

NB : les plateformes qui recueillent des fonds et les retransmettent ensuite aux porteurs de projet, bénéficient d'un régime prudentiel[9] allégé par rapport à celui d'établissement de paiement (réduction du capital minimum, dispense de fonds propres et de contrôle interne)[10].

2. Conseiller en financement participatif : pour 1 million d'euros maximum

Le conseiller en financement participatif (investissement en « equity ») doit remplir d'autres obligations :

- Informer de manière minimale les investisseurs par le biais d'une note mais qui ne s'apparente en rien aux lourds et onéreux documents à émettre lors d'un appel public à l'épargne (suppression du prospectus).
- S'enquérir de la situation financière des candidats investisseurs.
- Une soumission « simplifiée » aux organismes de tutelle en terme d'obligations de reporting, d'obligations et de coûts administratifs.
- La nécessité pour les dirigeants de respecter des règles de compétence et d'honorabilité de ces plateformes, de se soumettre à des règles de bonne conduite dans la délivrance des conseils, par exemple en matière de présentation des risques, de transparence sur les prestations fournies aux émetteurs , de frais perçus par exemple, de gestion des conflits d'intérêts, de démarchage bancaire ou de la lutte contre le blanchiment et le financement des activités terroristes.

Source : blog MIPISE

8 L'Autorité de contrôle prudentiel et de résolution (ACPR), en France, a pour mission de veiller « à la préservation de la stabilité du système financier et à la protection des clients, assurés, adhérents et bénéficiaires des personnes soumises à son contrôle ». En Belgique, c'est la Banque Nationale qui remplit ce rôle : un contrôle microprudentiel qui a pour but d'éviter la faillite d'un établissement financier et un contrôle macroprudentiel pour préserver l'équilibre de tout le système financier.

9 Source : « Financement participatif : un nouveau cadre juridique », http://www.lafinancepourtous.com, 5 mai 2014.

Obstacles légaux principaux au crowdfunding en Belgique avant avril 2014

Selon les cas, le crowdfunding pouvait relever selon l'autorité des marchés financiers (FSMA) :

- d'une activité bancaire ;
- du rôle de moyen de paiement ;
- d'appel public à l'épargne[10] qui rendrait obligatoire l'émission d'un prospectus à partir d'une levée de fonds de 100.000 euros (mais sans limite de montant pour l'investisseur) ;
- d'une mission de conseiller en investissement.

Or, la plupart de ces activités (banque, appel public à l'épargne, conseil en investissement,...) impliquent le dépôt de fonds propres disproportionnés par rapport à l'activité du crowdfunding, des dépenses sans rapport avec la (petite) taille de l'opération (prospectus), de systèmes d'audit coûteux (y compris les auditeurs internes sur le pay roll de l'entreprise) et d'un agrément de l'autorité des marchés financiers, lequel peut prendre des mois, voire plus.

→ Seul aménagement en Belgique depuis avril 2014 : possibilité de lever des fonds sans émission de prospectus jusqu'à 300.000 euros, mais à condition que l'investissement ne dépasse pas 1.000 euros par personne.

Si le secteur du crowdfunding belge a apprécié ce petit effort, pris en vitesse avant les élections (fédérales, régionales, européennes,...) de la fin mai 2014, les principaux acteurs soulignent que lever 300.000 euros avec un plafond de 1.000 euros par investisseur implique de trouver au moins 300 investisseurs. Est-ce réaliste dans un pays de 10 millions d'habitants seulement ?

Quant à la question du statut et des obligations pour les plateformes belges, toutes catégories confondues, elle reste en suspens...

10 C'est-à-dire la communication de l'offre à plus de 149 personnes.

Chapitre 4

Les aspects fiscaux

France

Don avec ou sans contreparties

Source : Ulule[11]

Le traitement fiscal des sommes versées lors d'une campagne de crowdfunding est plein de nuances. La première condition pour que le versement soit considéré comme un don : il doit être fait au bénéfice d'un organisme d'intérêt général. La suite du traitement fiscal dépend principalement des contreparties offertes au donateur.

Plutôt que d'énumérer les contreparties qui ne sont pas considérées comme des dons et n'ouvrent donc aucun droit à une déduction fiscale, résumons-nous à celles qui permettent l'émission d'un reçu fiscal par l'organisme bénéficiaire.

- Les contreparties symboliques, comme le fait de conférer un titre honorifique à un donateur ne constituent pas une contrepartie réelle au versement d'un don.
- La remise de biens qui présentent une disproportion marquée avec le montant du don versé (timbres décoratifs, étiquettes personnalisées, affiches, cartes de vœux…) constituent bien un don déductible dans certaines limites en terme de valeur. A l'opposé, les contreparties qui sous forme d'un bien ou d'une prestation de services (ex. la remise de divers objets matériels, l'octroi d'avantages financiers ou commerciaux, la mise à disposition d'équipements ou installation, l'accès privilégié à des conseils, fichiers ou informations de toute nature…) ne constituent pas un don et sont exclus du champ d'application de la réduction d'impôt.

---

11 Ulule présente sur son site un excellent résumé du traitement fiscal et comptable des montants perçus par crowdfunding.

Attention, toute association ne peut délivrer de reçus fiscaux pour permettre la déduction fiscale.

Cette possibilité est accordée aux œuvres ou organismes d'intérêt général[12] ou encore aux fondations et associations reconnues d'utilité publique. Et aussi :

- A certains établissements d'enseignement supérieur ou artistique.
- Aux fondations universitaires ou partenariales d'intérêt général.
- Des organismes publics ou privés à gestion désintéressée présentant au public d'œuvres dramatiques, lyriques, musicales, chorégraphiques, cinématographiques et de cirque ou l'organisation d'expositions d'art contemporain.

Investissement equity : impôt sur le revenu

L'investissement dans le capital d'une PME française ou européenne[13] donne droit à une réduction de 18% sur l'impôt sur le revenu (IR). Les versements déductibles sont plafonnés à 50.000 euros pour une personne seule (pour une réduction d'impôts de 9.000 euros maximum, donc) et 100.000 euros pour un couple marié ou pacsé (réduction maximale de 18.000 euros). Mais il y a certaines conditions à respecter :

- le souscripteur individuel doit être une personne physique fiscalement domiciliée en France et l'opération doit se dérouler dans le cadre de la gestion du patrimoine privé ;
- les titres doivent être conservés pendant cinq ans au moins ;
- si le souscripteur est « indivisible » (par exemple un club d'investissement de particuliers), la réduction se fait à hauteur du montant investi dans des PME non cotées en Bourse.

Investissement equity : impôt de solidarité sur la fortune

Pour les redevables de l'ISF, il y a une déduction de 50% des sommes investies dans le capital de PME françaises ou européennes, avec une limite de 90.000 euros (donc une réduction de maximale 45.000 euros).

---

12 Pour être considéré comme d'intérêt général, l'organisme bénéficiaire ne doit pas fonctionner au profit d'un cercle restreint de personnes et avoir une gestion désintéressée ; et ne peut exercer d'activité lucrative de manière prépondérante.

13 Une PME est une entreprise qui réalise un chiffre d'affaire de 50 millions d'euros maximum, emploie moins de 250 salariés (mais au moins 2 salariés à la fin du premier exercice fiscal) et disposer d'un siège social dans un pays de l'Union européenne.

Conditions :

- conservation des parts pendant cinq ans
- souscription avant le 15 juin 2015

Rappel : à la cession des titres, les plus-values mobilières font, en France, l'objet de taxations particulièrement complexes. On en trouvera une synthèse claire à l'adresse : http://droit-finances.commentcamarche.net/contents/890-les-plus-values-mobilieres.

Belgique

Cette analyse de la situation fiscale du crowdfunding en Belgique, à notre connaissance la première du genre, a été réalisée grâce à Me Florence Cappuyns du cabinet d'avocats fiscalistes Afschrift.

1. Crowdfunding par don sans contrepartie (pour des petits montants)

Le Code des impôts sur les revenus accorde une réduction d'impôt de 45 % pour les dons faits réellement. Mais, pour bénéficier de cette réduction d'impôt, différentes conditions doivent être réunies. Le don doit être d'au moins 40 EUR, par année civile et par organisation. Et celle-ci doit être agréée. Il doit être réalisé auprès d'une organisation agréée et celle-ci devra établir une attestation fiscale, soit un reçu, pour le don dont elle a bénéficié. En principe, le don doit être fait en espèces.

CQFD : le particulier qui verse une somme d'argent à une autre personne physique ou à une personne morale autre qu'une association ou un organisme à but non lucratif ne pourra bénéficier de la réduction d'impôt. En revanche, si un tel versement est effectué au profit d'une association ou d'un organisme à but non lucratif, cela ouvrira un droit à réduction d'impôt. Le montant versé devra être mentionné dans la déclaration fiscale.

Si le contributeur est une entreprise, soumise à l'impôt des personnes physiques ou à l'impôt des sociétés, il pourra invoquer la déduction à titre de frais professionnels. Pour ce faire, différentes conditions doivent être respectées cumulativement : les frais doivent avoir été faits ou supportés pendant la période imposable en vue d'acquérir ou de conserver les revenus imposables. Le contribuable doit en justifier la réalité et le montant au moyen de documents probants ou quand cela n'est pas possible, par tous autres moyens de preuve.La charge de la preuve incombe donc au contribuable. À titre d'exemple, une facture constitue un document probant.

Mais le bénéficiaire du don sera évidemment taxé sur cette somme, soit à l'impôt des personnes physiques soit à l'impôt des sociétés ou encore à l'impôt des personnes morales s'il s'agit d'une ASBL.

NE PAS CONFONDRE DON DE PARTICULIER ET MÉCÉNAT D'ENTREPRISE

Benoît Provost, directeur général de Prométhéa, association de promotion du mécénat culturel et du patrimoine.

Il ne faut pas confondre don privé et mécénat d'entreprise. Ce dernier n'a aucune définition légale, tout comme le sponsoring d'ailleurs. Le don en faveur d'une institution (quelle soit humanitaire, culturelle,...) permet au particulier de recevoir un certificat de don afin que les sommes versées soient déductibles de la déclaration d'impôts, jusqu'à un certain plafond. Mais, pour que cela puisse se faire, l'institution doit bénéficier d'un agrément. C'est un processus très long. Il faut un arrêté royal. Sont concernés : le ministre des Finances et le ministre en charge de la cause que défend l'institution, qui fait ensuite l'objet de contrôles réguliers. Dans le cas d'un don par crowdfunding, si c'est une institution agréée qui en est bénéficiaire, elle pourra émettre un certificat fiscal. Mais si la plateforme joue un rôle d'intermédiaire, c'est moins clair. Tout le monde ne peut pas émettre des certificats.

2. Crowdfunding par don avec contreparties ou récompenses

Le don est une libéralité, c'est-à-dire de la transmission d'un bien ou d'un droit que consent une personne au profit d'un autre personne avec un caractère désintéressé. En d'autres termes, cela signifie que le don est fait sans contrepartie. Il est peu probable que la qualification de don soit retenue en présence de contrepartie ou de récompense[14].

14 Les mentions symboliques, comme le nom du donateur dans le programme du spectacle, constituent-elles de réelles contreparties ? L'administration fiscale française considère qu'il s'agit de dons, ouvrant le champ à la déduction fiscale dans les conditions légales.

Un préachat nécessite, quant à lui, que différentes personnes achètent un produit pour que ce dernier soit créé. Le fait de verser une somme d'argent – parfois importante – et de recevoir en échange des invitations à un vernissage ou une entrée à un spectacle semble devoir être considéré comme un préachat.

Dans le cas où les internautes deviennent éditeurs ou producteurs, comme dans le domaine de la musique ou de l'édition, ils ont un intérêt aux bénéfices de l'exploitation. Il s'agit bien de revenus mobiliers. L'investisseur devient dans ce cas un actionnaire. Un précompte mobilier de 25 % s'applique aux bénéfices distribués.

Une plateforme française ou britannique qui a récolté des sommes pour un projet belge doit-elle appliquer la TVA lors du transfert des sommes vers le porteur du projet belge ? Les prestations de services et les livraisons de biens sont des opérations frappées par la TVA. Mais une distinction doit être opérée selon la qualité du vendeur.

S'il s'agit d'une société commerciale, elle est assujettie à la TVA et devra donc appliquer de la TVA lorsqu'elle émet sa facture.

3. *Crowdfunding par prêt*

Il n'est pas possible pour les particuliers de déduire ce prêt. La société financée aura une dette vis-à-vis de la personne qui lui prête de l'argent. Dans son bilan, l'entreprise devra inscrire la somme prêtée au niveau des dettes à court ou long terme en fonction de la période prévue pour le remboursement. S'il y a des intérêts à remboursement, s'ajoutant à la somme principale, le poste « dettes » diminuera à concurrence des remboursements effectués.

4. *Crowdfunding equity*

Le 27 mars 2014, la Commission européenne a adopté une Communication relative au financement participatif. Elle y affirme que « *le financement participatif peut favoriser l'entrepreneuriat, non seulement en améliorant l'accès aux moyens de financement, mais aussi en tant qu'outil supplémentaire d'étude de marché et de marketing susceptible d'aider les entrepreneurs à mieux cerner leurs clients et à augmenter leur présence médiatique* ».

Le législateur belge s'est penché récemment sur la question du crowdfunding et une loi a été adoptée le 25 avril 2014 afin d'encadrer et de faciliter le recours au financement participatif.

Il faut différencier deux situations en *equity*.

Premier cas : regroupement des investisseurs particuliers et professionnel(s) dans un véhicule financier qui, lui, entre dans le capital de l'entreprise

Si les parts sont revendues de concert par les investisseurs particuliers et professionnels, l'internaute récupère sa mise avec une « plus-value », c'est-à-dire une partie du bénéfice, soit des dividendes sur lesquels s'applique un précompte mobilier de 25%.

Deuxième cas : l'internaute investisseur entre directement dans le capital de l'entreprise

Si l'investisseur récupère ses parts et qu'ensuite, il les vend, il réalisera une plus-value sur actions – mais la possibilité de pareille opération dépend souvent des dispositions d'un pacte d'actionnaires. Ces plus-values se rapportant à des actions ou parts de sociétés résidentes ou de sociétés intra-européennes sont exonérées d'impôt.

5. *Le traitement fiscal lorsque l'opération concerne deux pays*

Première hypothèse : un Français résidant en France prête ou investit dans une entreprise belge présentée sur une plateforme belge.

Seconde hypothèse : un Belge résidant en Belgique investit dans une entreprise française présentée sur une plateforme française.

C'est la convention préventive de double imposition signée par la Belgique et la France (ci-après, « CPDI ») qui régit ces situations.

En présence d'un dividende, la Belgique taxerait en principe le dividende français et la France taxerait le dividende belge.

Toutefois, sous réserve de certaines dispositions, « *ces dividendes peuvent être imposés dans l'Etat contractant dont la société qui paie les dividendes est un résident, et selon la législation de cet État (...)* ».

En ce qui concerne les plus-values, la Belgique exonère les plus-values sur actions. La France taxe en principe les plus-values mobilières suivant un barème progressif.

Des plateformes en « marque blanche » pour sécuriser les flux financiers ?

Jean-Michel Errera, co-fondateur de Mipise

Pourquoi avez-vous créé Mipise ?

Nous sommes cinq co-fondateurs dont deux dirigeants bancaires et nous nous sommes intéressés au crowdfunding. D'où l'idée de créer un outil de crowdfunding en marque blanche pour tous ceux qui souhaitent créer une plateforme. Mipise est opérationnel depuis début 2014 avec l'objectif de professionnaliser et sécuriser les pratiques. Mipise a été créé avec un capital de 320.000 euros.

L'équipe de création n'a pas le profil classique des fous de culture ou de web qu'on a vu au tournant des années 2.000...

Il y a déjà des gens qui ont évangélisé le marché. Les sites de don, de prêt, d'« equity » vont fleurir. Créer une plateforme, cela coûte cher et c'est compliqué. Nous proposons un outil adaptable et paramétrable. Il est d'entrée de jeu opérationnel et les tarifs sont clairs. Il n'y a aucun coût de maintenance pour les animateurs de sites, qu'il s'agisse de dons, d'equity ou de prêt. Ils n'ont plus qu'à se concentrer sur leur positionnement et leurs projets.

Votre solution – un forfait mensuel selon la nature de la plateforme - serait donc moins chère ?

Sur certaines grandes plateformes françaises, un tiers de l'équipe travaille à l'informatique. Construire sa propre plateforme coûte entre 150.000 et 200.000 euros. Nous proposons un abonnement et nous prélevons entre 1,6 et 2% des flux. Les difficultés techniques sont donc l'informatique et les systèmes de paiement. Les sites récoltent des sommes de plus en plus importantes, avec de multiples flux, dans tous les sens. Il y a des risques de fraude et de blanchiment.

Comment éviter ces dérapages ?

Les entrées (paiement par carte et virements) doivent être sécurisées et cryptées. Toute somme doit être clairement identifiée à la fois pour le contributeur et le destinataire. Et il faut distinguer les commissions des remboursements. En fait, les sites sont victimes de leur succès. On ne peut plus gérer ça avec un tableau Excel. Quand la comptabilité va, on n'en parle pas. Mais dès qu'un problème surgit, on pleure... Depuis l'ordonnance de fin mai 2014, en vigueur en octobre, il est facile de faire un business plan et l'on peut modéliser sa campagne de type « tout ou rien ». Le don n'a jamais rencontré de difficultés dans le cadre légal. Il n'y a aucune contrainte réglementaire. On pourrait comparer le crowdfunding à une banque d'hyper-détail qui demande un plan d'amortissement par personne.

La situation française s'est débloquée avec l'ordonnance de mai 2014 ?

Le prêt était formellement interdit en raison du monopole bancaire. Le délit était passible de 300.000 euros d'amende et de cinq ans de prison ! La situation a changé : nous croyons beaucoup au prêt suite à la désaffection vis-à-vis des banque,s à cause des taux d'intérêts.

Quant à la recherche de fonds propres, elle était extrêmement encadrée au-delà de 100.000 euros. Il fallait une notice (prospectus en Belgique, NDLR) de plusieurs centaines de pages qui coûtait 200.000 euros à l'entreprise. Mission impossible lorsque l'on cherche entre 100.000 et deux ou trois millions d'euros.

Quel va être votre modèle d'affaires ?

Nous visons un schéma Business to Business, vers les fondations et les organismes d'intérêt public ou encore les écoles, les collectivités locales, les régions,... Nous avons également une vue sur la Belgique et l'Italie.

Comment voyez-vous l'avenir du crowdfunding ?

Avec l'explosion du nombre de plateformes, certaines vont disparaître. Il y a place pour deux ou trois plateformes généralistes en Europe. Nous n'aurons pas une diversité comme on la rencontre sur les réseaux sociaux, entre Facebook, Twitter, LinkedIn.

Mais dans le futur, en France, nous aurons aussi une dizaine de plateformes equity. Les fonds d'investissement vont accompagner les entreprises en one-to-one avec une plateforme dédiée à chaque projet. Les fonds d'investissement intègreront ça comme un outil supplémentaire.

Conclusion

Le crowdfunding s'impose, on l'a vu, dans tous les domaines : la culture, la créativité, le financement d'entreprise, le social, l'humanitaire, le patrimoine, l'immobilier, l'économie locale, la carrière de sportifs… Il tente aussi les grandes entreprises, comme complément à leurs activités de mécénat, et les villes ou régions pour réaliser des projets ancrés dans le territoire quand elles ne disposent pas des moyens suffisants. Il démocratise aussi l'activité de *business angel* en permettant au particulier d'investir, à la mesure de ses moyens, dans des sociétés naissantes ou en développement.

Cela, c'est le volet positif du phénomène, appelé à s'ancrer parmi les diverses sources de financements classiques : investissement personnel, prêts bancaires, subsides, appel à des investisseurs institutionnels, etc.

Quelles seront les limites au développement du financement participatif en Europe ? Personne ne le sait. Mais il y a tout à parier que l'on traversera, un jour, un phénomène de saturation. Saturation des contributeurs, qui ne pourront plus répondre à toutes les sollicitations, surmenage dans les équipes de petites structures ou des sociétés en démarrage qui « tiennent » grâce à deux ou trois personnes.

Certains observateurs soulignent que les plateformes, qui brassent des sommes de plus en plus importantes avec de petites équipes, risquent elles-mêmes d'être dépassées par le succès. A la clé ? La faillite d'une plateforme. Autre danger si les flux financiers ne sont pas sécurisés, un détournement de fonds par un employé.

Il faut donc gérer un double risque. Pour l'investisseur, il y a déjà celui, partie intégrante de la démarche, de ne plus revoir son argent en cas de faillite de la start-up. Ou celui de voir les fonds engloutis par un individu mal intentionné.

La vogue actuelle du crowdfunding occulte les dangers. Il y a déjà eu des dérapages aux Etats-Unis, où les produits promis n'ont jamais été livrés par une entreprise dépassée par le succès. Ou en France, lorsque des internautes coproducteurs d'un film se sont dits insatisfaits, frustrés de l'implication qu'on leur avait promise et qui n'est jamais venue, et sont allés jusqu'à créer un site internet pour faire part publiquement de leur mécontentement.

Le risque zéro n'existe pas. Tous les patrons de plateformes, tous les intervenants le savent et le chuchotent : un jour ou l'autre, il y aura un dérapage. Et cela refroidira l'opinion publique.

Aux États-Unis, certaines opérations posent parfois question. Récemment, Indiegogo a présenté un casque de moto révolutionnaire : caméra grand angle à l'arrière permettant de se situer dans la circulation, GPS, possibilité d'écouter de la musique en streaming, design futuriste. Les internautes pouvaient préacheter ce « Scully » (autour de 1.500 dollars le modèle de base) et ceux qui n'en avaient pas les moyens pouvaient donner sans retour 100 dollars, « juste pour aider ». En termes réalistes, il s'agissait de verser sans retour 100 dollars à une société privée, qui prendra de la valeur au fil des dons.

Et pourtant… il serait bien utile, dans tous les domaines de la société, de débloquer ne serait-ce qu'une petite partie des sommes qui dorment sur les livrets d'épargne. Cela encouragerait la culture, le social, la création d'entreprises et d'emplois,… Le crowdfunding est parallèlement un formidable outil de communication qui peut transformer les relations entre le « grand public » et ceux qui portent un projet, quel qu'il soit. La finance participative réduit la distance entre le premier et les seconds. Elle crée un lien direct.

Il y a néanmoins un travail de titan à réaliser pour changer les esprits et instiller ne serait-ce qu'un petit goût du risque dans les esprits européens.

La Belgique, particulièrement, encourage fiscalement l'épargne à long terme (carnet d'épargne, assurance vie, acquisition d'une habitation,…), mais pas le capital à risque. Pour relancer (ou tout au moins soutenir) l'économie et créer de l'emploi, des incitants fiscaux à l'investissement en *venture capital* seraient bien utiles. La complexité, la lourdeur et le coût faramineux des obligations légales à respecter pour attirer des investissements ou des prêts de particuliers vers une start-up freine le développement des petites structures.

En France, l'obligation de conserver pendant cinq ans les actions dans une PME afin de bénéficier d'un avantage fiscal n'est guère plus appropriée, car cinq ans à l'heure du web 2.0, c'est vraiment très long. Des opportunités de revente avantageuse des titres, par un autre acteur qui voudra développer l'entreprise, peuvent surgir bien plus tôt. Et la taxation des plus-values, sévère et complexe, n'arrange rien.

Faudra-t-il aller jusqu'à admettre que soutenir une entreprise naissante est « une bonne action », créatrice de richesse et d'emploi, comme celle – fiscalement déductible -d'aider une structure à but non lucratif ? Ce serait aller un peu loin, mais la question mérite réflexion.

Les Pays-Bas, eux, ont au moins prévu un incitant a posteriori : lorsque l'investissement dans une PME tourne mal, que celle-ci fait faillite, les sommes perdues par les investisseurs sont déductibles des impôts. Insuffisant, mais c'est déjà ça...

Il n'est pas exclu, non plus, que les banques tentent de phagocyter le crowdfunding par association avec un site ou en créant leurs propres plateformes pour repérer dès le départ les sociétés prometteuses... et les faire financer par le grand public tant qu'elles présentent un trop grand risque.

De quoi sera fait l'avenir ? L'institut américain Massolution a analysé les axes de croissance du crowdfunding :

- L'investissement local (ce qui, dans le sens américain, peut égaler la superficie d'un État européen) et l'intérêt des régions, en France, prouve que ce type de financement participatif prend déjà racine en Europe.
- Les secteurs de niche, tendance déjà très sensible chez nous.
- L'*equity crowdfunding* qui va faire florès dès lors que suffisamment d'investisseurs auront été « éduqués » à son fonctionnement.
- Le développement économique, comme www.crowdfunder.mx et www.idea.me au Mexique et en Amérique latine : énergie solaire, éducation, développement urbain,... C'est peut-être le créneau le plus difficile en Europe : le *civic crowdfunding* ne correspond pas à une société qui a toujours vécu dans la logique de l'action des pouvoirs publics et de l'Etat-providence.
- Le crowdfunding événementiel, à la manière du « live » que pratique MyMicroInvest.

En Europe, la diversité des langues, des cultures et surtout des législations et de la fiscalité restent les plus grands obstacles. Lorsque l'on consulte l'une ou l'autre liste des financements record dans la culture sur le Vieux Continent, on perd ses repères : ici, c'est un film espagnol dont on n'a jamais entendu parler, là, l'album d'un chanteur qui n'a pas passé les frontières, etc.

Mais le marché du crowdfunding, malgré les obstacles, évolue plus vite que les Etats, eux-mêmes plus rapides que l'Union européenne. La logique serait que les Etats européens légifèrent sur base d'un canevas commun. La solution, à notre avis, devrait venir du haut, d'une vision globale.

La Commission européenne a lancé une vaste consultation sur le financement participatif en 2013 et effectué une communication en 2014. Elle dispose donc des informations nécessaires pour déterminer des stratégies et coordonner les actions. Quitte à faire marcher tout le monde plus vite que la musique.

Bibliographie

Les sites, documents et articles ont été classés dans l'ordre inversément chronologique, du plus récent au plus ancien.

La plupart des sites et auteurs cités ont publié de nombreux documents ou articles sur le crowdfunding. Il est impossible de réaliser un inventaire exhaustif. Ceci ne constitue donc qu'un point de départ pour les surfeurs…

« Crowdfunding », Commission européenne, page ressource avec accès à de nombreux documents récents, http://ec.europa.eu/internal_market/finances/crowdfunding/index_en.htm

Febelfin (Fédération du secteur financier belge), « Amélioration du climat entourant l'octroi de crédit: diminution des refus, taux d'intérêt à un niveau plancher », 18 septembre 2014, https://www.febelfin.be/fr/amelioration-du-climat-entourant-loctroi-de-credit-diminution-des-refus-taux-dinteret-a-un-niveau

Hugh McIntyre, « YouTube Now Let's You Donate to Your Favorite Channels With Fan Funding », Forbes, 5 septembre 2014, http://www.forbes.com/sites/hughmcintyre/2014/09/05/youtube-now-lets-you-donate-to-your-favorite-channels-with-fan-funding/

« Le crowdfunding au secours des sportifs belges », Trends-Tendances, 4 mars 2014, mis à jour le 28 août 2014, http://trends.levif.be/economie/banque-et-finance/le-crowdfunding-au-secours-des-sportifs-belges/article-normal-182309.html

Michel Ivanovsky, « La finance participative vient de franchir le cap du million de contributeurs en France ! », blog MIPISE, 28 juillet 2014, http://www.mipise.com/fr/blogposts

irene33, « Tips to launch a crowdfunding platform », European Crowdfunding Network, 23 juillet 2014, http://www.europecrowdfunding.org2014/07/tips-lanch-crowdfunding-platform

Irene 33, « How peer-to-peer lending works », 23 juillet 2014, http://www.europeancrowdfunding.org/2014/07/peer-peer-landing-works/

Dirk aj Coekelbergh, CEO NewB, « Money makes (also the non profit) world go around: crowdfunding », NewB, 30 juin 2014, http://conseilbplus.be/wp-content/uploads/2014/07/crowd.pdf

Olivier Fabes, « Une nouvelle plateforme de crowdfunding belge », Le Soir, 23 juin 2014, http://www.lesoir.be/579847/article/economie/entrepreneuriat/2014-06-23/angelme-nouvelle-plateforme-crowdfunding-belge

Olivier Brunet, « Crowdfunding : "aux plateformes de faire leurs preuves" », interview de Nicolas Lesur (Unilend), 10 juin 2014, http://www.toutsurlesplacements.com/crowdfunding-aux-plateformes-de-faire-leurs-preuves.html

Olivier Brunet, « L'Orias peut refuser l'agrément d'un site de crowdfunding, interview de Grégoire Dupont », 6 juin 2014, http://www.toutsurlesplacements.com/l-orias-peut-refuser-l-agrement-d-un-site-de-crowdfunding.html

Michel Ivanovsky, « Crowdfunding : synthèse du projet d'ordonnance présenté le 28 mai », blog MIPISE, 3 juin 2014, http://www.mipise.com/fr/blog/crowdfunding-synthese-du-projet-ordonnance.html

Pascal Ordonneau, ancien PDG, « Crowdfunding : finance émotionnelle ou rationnelle ? », 29 mai 2014, Les Echos, Paris, http://www.lesechos.fr/idees-debats/cercle/cercle-98939-crowdfunding-finance-emotionnelle-ou-rationnelle-1006967.php

Nicole Arce, « You Tube coming up with creator-centric mobile apps, includes crowdfunding feature », Techtimes, 24 mai 2014, http://www.techtimes.com/articles/7490/20140524/youtube-coming-up-with-creator-centric-mobile-app-includes-crowdfunding-feature.htm

Janko Roettgers, « YouTube wants to take a page from Kickstarter with crowdfunding tools for video producers », Gigaom, 23 mai 2014, https://gigaom.com/2014/05/23/youtube-wants-to-take-a-page-from-kickstarter-with-crowdfunding-tools-for-video-producers/

« Crowdfunding, web-entrepreneurs and data infrastructure », European Crowdfunding Network, 23 mai 2014, http://www.europecrowdfunding.org/2014/05/startup-europe-crowdfunding-network-final-report/

« Startup Investors Manifesto », 23 mai 2014, http://europecrowdfunding.org/2014/05/start-up-investors-manifesto/

« Communication from the Commission to the European Parliament, the Council, the European Economic and Social Committee and the Committee of the Regions, Unleashing the Potential of Crowdfunding in the European Union », 27 mars 2014, pdf.

« European Commission announces help for Crowdfunding », European Crowdfunding Network, 27 mars 2014, http://www.europecrowdfunding.org/2014/03/european-commission-helps-crowdfunding/

Christine Lejoux, « Mais si, le crowdfunding et les banques peuvent faire bon ménage ! », La Tribune, 14 mars 2014, http://www.latribune.fr/entreprises-finance/20140314trib000820034/mais-si-le-crowdfunding-et-les-banques-peuvent-faire-bon-menage-.html

« Focus du mois : la musique fait son crowdfunding », 10 mars 2014, http://www.irma.asso.fr/Focus-du-mois-la-musique-fait-son

Roland Thijssen, « Crowdfunding : kans voor de banken ? », Banking & Insurance Blog, 8 mars 2013, Pays-Bas, http://financialservicesblog.wordpress.com/2013/03/08/crowdfunding-kans-voor-banken/

J. D., « Capital et financement, Et si vous faisiez appel au public ? », PME-KMO, mars 2014, http://www.pmekmo.be/finances/965-capital-et-financement-et-si-vous-vous-faisiez-appel-au-public.html

Thibaut de Lajudie, « Les banques ont intérêt à s'investir dans le crowdfunding », La Tribune, 11 février 2014, http://www.latribune.fr/opinions/tribunes/20140211trib000814798/les-banques-ont-interet-a-s-investir-dans-le-crowdfunding.html

Marie Jung, « 5 conseils pour lever des fonds via le crowdfunding », 01net, 4 février 2014, http://www.pro.01et.com/editorial/613376/cinq-conseils-pour-lever-des-fonds-via-le-crowdfunding/

Marie Jung, « « Crowdfunding : les prêts rémunérés participatifs bientôt autorisés », 01net, 23 janvier 2014, http://pro.01net.com/editorial/612538/crowdfunding-les-prets-rémunérés-participatifs-bientôt-autorises/

Centre Démocrate Humaniste, « Renforcer l'accès des entreprises au crédit par le financement participatif », 2014, http://www.les-100-propositions-du-cdh.be/fr/proposition-detail/renforcer-laccs-des-entreprises-au-crdit-par-le-financement-participatif-crowdfunding/93

Actua BD, « Rapport Ratier 2013, Ca décélère, et alors ? », 30 décembre 2013, http://www.actuabd.com/Rapport-Ratier-2013-Ca-decelere-et

Oliver Gajda & Nick Mason, « Crowdfunding for impact in Europe and the USA », 20 décembre 2013, European Crowdfunding Network, http://www.europecrowdfunding.org/wp-content/blogs.dir/12/files/2013/12/20131220_ECN_Toniic_CrowdfundingForImpact.pdf

« Les Impressions Nouvelles se lancent dans le crowdfunding », Entretien PILEn avec Benoît Peeters, 7 octobre 2013, http://www.futursdulivre.be/article/63/Les+Impressions+Nouvelles+se+lancent+dans+le+crowdfunding#.VBFUYLkcTb0

« Crowdfunding in the EU - Exploring the added value of potential EU action », document de consultation, 3 octobre 2013, http://ec.europa.eu/internal_market/consultations/2013/crowdfunding/docs/consultation-document_en.pdf

« Le financement participatif dans l'UE: quelle serait la valeur ajoutée d'une action de l'UE? », communiqué de presse, 3 octobre 2013, http://europa.eu/rapid/press-release_IP-13-906_fr.htm

« Review of Crowdfunding Regulation 2013 », European Crowdfunding Network, octobre 2013, www.europecrowdfunding.org

Josef Holm, « 6 Ways to Direct You Tube Traffic to a Crowdfunding Campaign », Insights Wired, 24 septembre 2013, http://insights.wired.com/profiles/blogs/6-free-ways-to-direct-youtube-traffic-to-a-crowdfunding-campaign?xg_source=activity#axzz3CzpdOpSc

Flore Berlingen, « Panorama du crowdfunding par l'un de ses pionniers », OuiShare, 18 septembre 2013, http://magazine.ouishare.net/fr/2013/panorama-du-crowdfunding-ricordeau/

« Crowdfunding : Untapping its potential, reducing the risks », European Commission Workshop, Brussels, 3 june 2013, (Summary of discussion), PDF

Isabelle Oostendorp, « De voordelen van crowdfunding voor bankenen klanten », Intermediair, 5 avril 2013, http://www.intermediair.nl/vakgebieden/finance/de-voordelen-van-crowdfunding-voor-banken-en-klanten

Frederik Tibau, « Belfius et AngelMe récoltent des fonds pour les starters », DataNews, 22 janvier 2013, http://datanews.levif.be/ict/centre-de-connaissance/jeunes-entreprises/belfius-et-angel-me-recoltent-des-fonds-pour-les-starters/article-4000236860733.htm

Actua BD, « Marché de la BD : les vraies raisons d'un marasme », 27 décembre 2012, http://www.actuabd.com/Marche-de-la-BD-2012-les-vraies

Aureliano Tonet, « La création à l'heure du "crowdfunding" », Le Monde, 16 janvier 2013, http://www.lemonde.fr/culture/article/2013/01/16/la-creation-a-l-heure-du-crowdfunding_1817917_3246.html

Kevin Picciau, « Crowdfunding et édition littéraire : phase d'envol bien amorcée », Inaglobal, 30 novembre 2012, http://inaglobal.fr/edition/article/crowdfunding-et-edition-litteraire-phase-denvol/

Stanislas Jourdan, « Une collectivité britannique utilise le crowdfunding pour financer les entreprises locales », OuiShare, 15 novembre 2012, http://magazine.ouishare.net/fr/2012/11/collectivite-britannique-crowdfunding-entreprises-locales/

Nicolas Dehorter, « Cinq clés pour réussir sa campagne de crowdfunding », OuiShare, 23 octobre 2012, http://magazine.ouishare.net/fr/2012/10/reussir-campagne-crowdfunding/

Stanislas Jourdan, « Kickstarter n'est pas un magasin – et c'est tant mieux ! », OuiShare, 28 septembre 2012, http://magazine.ouishare.net/fr/2012/09/kickstarter-nest-pas-un-magasin/

G. SE, « Crowdfunding : le nouveau financement », 8 septembre 2012, La Libre.be, http://www.lalibre.be/economie/libre-entreprise/crowdfunding-le-nouveau-financement-51b8f0b8e4b0de6db9c7db43

Emile Rabaté, « Voix au chapitre grâce au "crowdfunding" », Libération, Paris, 29 août 2012, http://emilerabate.wordpress.com/2012/08/30/libe-crowdfunding-et-edition/

« Crowdfunding (financement collaboratif de projets) », OuiShare, le portail belge de l'économie du partage, 2012, http://www.gsara.tv/~ouishare/index.php/modeles-economiques/147-crowdfunding-financement-collaboratif-de-projets

Association des Journalistes Professionnels, « Ils paient pour que vous enquêtiez », Fonds pour le journalisme, 20 mai 2010, http://www.fondspourlejournalisme.be/ils-paient-pour-que-vous-enquêtiez/

Documents non datés

« A framework for European crowdfunding », www.crowdfundingframework.eu

« Annuaire du crowdfunding et du financement participatif », AlloProd (régulièrement actualisé), http://www.alloprod.com/labels-participatifs/

« Les plus gros budgets de financement participatif européen », AlloProd (régulièrement actualisé), http://www.alloprod.com/les-plus-gros-budgets-de-financement-participatif-europeen/

Roland Neyrinck, « Crowdfunding : une réelle alternative au crédit bancaire ? », http://creajob.be/a-la-loupe/72-crowdfunding

« Crowdfunding in Nederland », geldondernemen.nl, non daté, http://www.geldenondernemen.nl/crowdfunding.html

« The 7 Deadly Sins of Crowdfunding », Sponsume, Grande-Bretagne, http://www.sponsume.com/fr/getting-started//7-deadly-sins-crowdfunding

« Monetizing Your Youtube Channel », Indiegogo, USA, pdf

Presse papier

Anne-Sophie Leurquin, « Du crowdfunding pour mettre en avant les créations belges », Le Soir, Bruxelles, 9 mai 2014

Me Cathie-Rosalie Joly et Me Camille Bourguignon, « Quelle réglementation pour le crowdfunding ? », L'Echo, Bruxelles, 4 décembre 2013

Olivier Fabes, « Le crowdfunding, solution alternative à la banque », Le Soir, Bruxelles, 22-23 février 2014

F. Le., « Les défis du « crowdfunding » en Belgique », L'Echo, Bruxelles, 17 août 2013

Gilles Béchet, « La créativité partagée », supplément Victoire (Le Soir), Bruxelles, 17 juillet 2013